Stefan Maiwald

Das Italien-Prinzip: So [illegible] Glück!

Topicus

Das Buch

Ein Buch, das so glücklich macht wie ein Teller Spaghetti mit Meerblick.

In diesem ebenso amüsanten wie fundierten Ratgeber beschreibt Stefan Maiwald, warum die Italiener glücklicher als wir Deutschen leben: warum sie sich nicht gegen alles versichern und warum ihnen Freunde wichtiger als Psychiater und selbst angebautes Obst und Gemüse wichtiger als ein frisch gestutzter Rasen sind.

Der Ratgeber erklärt, welche Philosophie hinter dem gemeinsamen Essen mit Freunden und Familie steckt und was wir uns sonst noch von der südlich-unbeschwerten Lebensweise abgucken können, um das Glück *all'italiana* zu finden.

Der Autor

Stefan Maiwald, geboren 1971 in Braunschweig, lebt seit zwanzig Jahren in Italien und schreibt unter anderem für Merian, GEO Saison, Traveller's World, GQ, Golf Magazin und den Feinschmecker. Er hat schon zahlreiche Bücher aus verschiedenen Genres veröffentlicht, darunter die Bestseller »Laura, Leo, Luca und ich«, »Wir sind Papa« und »Der Spion des Dogen«. Website: www.postausitalien.com

STEFAN MAIWALD

Das Italien-Prinzip: So geht Glück!

Topicus

Deutsche Erstveröffentlichung bei
Topicus, Amazon Media EU S.à r.l.
38, avenue John F. Kennedy, L-1855 Luxembourg
April 2021

Umschlaggestaltung: semper smile, München, www.sempersmile.de
Illustrationen: Jelly London
Umschlagmotiv: © Rolau Elena / Shutterstock;
1. Lektorat: Marketa Görgen
2. Lektorat, Korrektorat und Satz: VLG Verlag & Agentur,
Haar bei München, www.vlg.de
Gedruckt durch:
Amazon Distribution GmbH, Amazonstraße 1, 04347 Leipzig /
Canon Deutschland Business Services GmbH, Ferdinand-Jühlke-Str. 7,
99095 Erfurt /
CPI books GmbH, Birkstraße 10, 25917 Leck

ISBN 978-2-49670-304-7

www.topicus-verlag.de

Für Laura, Lilly und Cice.

Inhalt

II. FAMILIE UND FREIZEIT 95

Ein Vorwort und eine Gebrauchsanweisung

Vergesst alle Ratgeber und all die sogenannten Lebensweisheiten im Internet und macht aus euren Glückstagebüchern lieber Einkaufszettel. Es wurde Zeit, dieses Buch zu schreiben: Hier erfahrt ihr nämlich, wie Glück geht.

Wir sind alle auf Sinnsuche. Ratgeberbücher boomen, Life Coaches geben Seminare, Kalender mit motivierenden Sprüchen liegen auf den Büroschreibtischen, alle meditieren und machen Yoga, in den sozialen Netzwerken werden positive Lebensweisheiten verbreitet, meistens ermüdende Variationen von »Nutze den Tag«. Aber immer mit tollem Hintergrund-Artwork, für das es jede Menge Apps gibt. Wow!

Laut Marketdata Enterprises geben allein US-Amerikaner zehn Milliarden Dollar im Jahr für Selbsthilfeprodukte aus, vom Notizblock mit aufmunternden Zitaten bis zum Online-Meditationskurs. Tja. Doch wir sind trotzdem deprimiert. Immer mehr Angststörungen werden diagnostiziert, die Unzufriedenheit steigt. Nur die Orthopäden freuen sich über mehr Patienten (wegen Yoga – siehe oben). Gerade titelte die *New York Times* über unsere Generation: »Wealthy, successful, and miserable«.

Wohlhabend, erfolgreich und unglücklich – wie passt das zusammen? Wo liegt das Problem? Wir müssten eine der glücklichsten Generationen der Menschheitsgeschichte sein. Wir in den Industrienationen müssen nicht hungern, wir leben in Frieden und wir haben die höchste jemals gemessene Lebenserwartung. Trotzdem boomen Glücksratgeber. Die offenkundig nichts bewirken.

Ja, dies hier ist auch ein Glücksratgeber. Doch er ist zugleich auch etwas anderes: Er dient allen, die ihn lesen, als Reisebegleiter. Die Ratschläge in diesem Buch sind über Jahrhunderte erprobt – von einem Volk, das es in Sachen gutes Leben einfach draufhat. Glück lässt sich nicht an der Zahl der Gesetze zum Mutterschutz messen – nur deswegen leben in Finnland angeblich die glücklichsten Mütter. Was für eine kurzsichtige Analyse!

Die Italiener sind ein sehr glückliches Volk. Ja, wirklich! Vergesst diese dussligen Umfragen, in denen Dänemark, Schweden, Island und ähnlich tief deprimierte Nationen mit miserablem Klima und teurem Alkohol ganz oben stehen, weil dort alles so super ist mit den sozialen Hilfen, den vielen Arbeitnehmerrechten, der medizinischen Versorgung und so weiter.

Es gibt eine überraschende Statistik: Italiener werden älter als die Skandinavier – trotz teilweise hundsmiserabler medizinischer Infrastruktur und trotz all der vielen Inseln und schwer zugänglichen Dörfer im Apennin (wenn euch dort ein Herzinfarkt oder ein Schlaganfall niederstreckt, hilft nur ein Gebet). Das sagt vielleicht nicht alles über das Glück der Italiener aus, aber ein kleiner Hinweis ist es doch.

Ich bin nicht naiv und will nichts verklären. Natürlich geht es auch vielen Italienern schlecht. Die Arbeitslosigkeit ist hoch, und die Aussichten auf die kommenden Jahre sind auch nicht gerade rosig. Doch bleiben wir mal bei der Mitte. Und da wäre meine Wette, dass ein zufällig herausgepickter Italiener ein insgesamt glücklicheres, stimmigeres und entspannteres Leben führt als ein zufällig herausgepickter Deutscher (oder Amerikaner. Oder gar Skandinavier). Und das ganz ohne Yogakurs oder Feng-Shui-Beratung. Und auch wenn er weniger verdient und ein vermutlich weniger dickes Auto fährt. Und das werde ich gern beweisen.

Vor zwanzig Jahren kam ich nach Italien. Und nach zwanzig Jahren habe ich eines verstanden: Wer wirklich das Glück sucht, ist hier absolut richtig.

* * *

In diesem Buch bewegen wir uns mediterran schlendernd. Es ist in vier Teile gegliedert, und zwischendrin stelle ich euch immer wieder echte Menschen vor, die das Italien-Prinzip auf bestmögliche Art leben – damit ihr konkrete Beispiele zur Hand habt. Ihr werdet in deren Lebensläufen und -entwürfen genau die immer wiederkehrenden Muster entdecken, die mich zu diesem Buch inspiriert haben. Wer es ganz schnell haben will, kann sich auch nur die Kapitel herauspicken, die ihn interessieren, zudem findet ihr am Ende jedes Buchteils eine knappe Zusammenfassung.

Jetzt aber: Stellt euch je nach Tageszeit Cappuccino oder Weißwein bereit und genießt die Reise in den Süden!

Wie wir Italien wiederentdeckten: Eine kurze, wärmende Geschichte des Dolce Vita

Auch wenn ihr es vielleicht nicht abwarten könnt: Nähern wir uns dem Italien-Prinzip ganz *andante.* So wie es unsere Vorfahren und auch noch unsere Großeltern getan haben.

Denn das Glück haben schon viele andere hier gesucht. Seit dem Spätmittelalter reisten Künstler, Intellektuelle und Adlige nach Italien, und seit dem 16. Jahrhundert gehörte es zum Pflichtprogramm junger Engländer adeliger Herkunft, die »Grand Tour« zu unternehmen – eine ausführliche Europareise mit besonderem Schwerpunkt Italien. Bald setzte sich diese Mode in ganz Europa durch, und im 17. und 18. Jahrhundert unternahmen auch wohlhabende Bürgerliche die Bildungs- und Genussreise in den Süden. Sogar Ältere machten sich auf den Weg, weil sie sich vom milden Klima eine Linderung ihrer Zipperlein versprachen.

Goethes Italienreise dauerte fast zwei Jahre (von September 1786 bis Mai 1788) und inspiriert die Deutschen bis heute.

Seinem Reisebericht stellte er das Motto »Auch ich in Arkadien!« voran – er hatte sein Paradies gefunden.

Ab dem 19. Jahrhundert entwickelten sich in Italien regelrechte Künstlerkolonien. Nur ein Beispiel: Rainer Maria Rilke, Claude Debussy, Maxim Gorki, Henry James, Oscar Wilde und Curzio Malaparte kamen regelmäßig nach Capri, aber auch der »Retter der Kinder«, Emil von Behring, der Heilmittel für Tetanus und Diphterie entdeckte, und der Schwede Axel Munthe, der sich zeit seines Lebens nie entscheiden konnte, ob er Promiarzt, Psychiater, Tierschützer, Hochstapler oder doch lieber Schriftsteller werden sollte. Friedrich Alfred Krupp zog Capri seiner Geburtsstadt Essen vor, und wer hätte es ihm verdenken können? Er stiftete der Insel sogar für 25 000 Lire einen berühmten Wanderweg – die Via Krupp, einen schmalen, spektakulären Serpentinenpfad am Hang des Monte Castiglione.

Ende des 19. Jahrhunderts sollen bis zu 11 000 Deutsche in Rom gelebt haben – fast alles Künstler, die sich an der Sicht auf den Süden versuchten. Golo Maurer schreibt 2019 in der *Frankfurter Allgemeinen Sonntagszeitung:* »Eine Rolle für die deutsche Fixierung auf Italien spielte bestimmt die Faszination, eine durch die Alpen sinnbildlich getrennte Gegenwelt vorzufinden, deren Überwindung als Passage-Ritus erlebt und beschrieben wurde.«[1] Und der Hamburger Jurist Friedrich Johann Lorenz Meyer berichtete schon im Jahr 1783: »Von diesem schnellen Übergang aus einem rauen in ein mildes Klima (…) und von dem Eindruck dieses plötzlichen Wechsels der Jahreszeiten auf die Seele, entwirft die blühendste Dichterphantasie keine treffende Darstellung. Es war das herzerbebende Bild des Übergangs vom Tod zum Leben.«[2]

Slim Aarons sah es pragmatischer: »Das Leben war gut: Der Dollar war stark, der Wein war *dolce* und die Girls waren fantastisch«[3], erzählt der Fotograf, der 1948 zum ersten Mal im Auftrag von *Life* nach Italien kam, um die Wiederentdeckung des Landes durch Hollywood zu dokumentieren – eine Wiederentdeckung, die 1953 in dem Liebesfilm »Ein Herz und eine Krone« mit Gregory Peck und Audrey Hepburn kulminierte und nebenbei für Verkaufsrekorde eines ungewöhnlichen neuartigen Motorrollers mit ganz kleinen Rädern und extravaganter Verkleidung sorgte, den der Hersteller Vespa getauft hatte.* Bald entdeckte auch Aarons die Schönheit des Landes jenseits von Rom; besonders die Amalfiküste und schließlich Capri hatten es ihm angetan. Heute, mit den ständig verfügbaren Bildern von Italiens Dolce Vita in unserem Kopf, ist es kaum noch vorstellbar, wie absolut umwerfend Capri auf einen Amerikaner vor 60 Jahren gewirkt haben mag – oder gar vor 150 Jahren auf einen gebürtigen Essener wie Krupp.

Zum ganz großen deutschen Italien-Run kam es in den 1950er-Jahren. Im Fernsehen liefen die Quizsendungen »Hätten Sie's gewusst?« und »Was bin ich?«, Edgar-Wallace-Filme sorgten für wohliges Gruseln, und die Blockbuster von Heinz Erhardt hießen damals noch Kassenschlager. Seine genialen Wortspiel-Reime waren in aller Munde (»Er würgte eine Klapperschlang, bis ihre Klapper schlapper klang«).

Die Nachkriegszeit markierte den großen deutschen Aufbruch gen Süden, angetrieben vom Wirtschaftswunder und dem Wunsch, die schrecklichen Kriegsjahre dauerhaft zu vergessen und zu verdrängen.

Der deutsche Massentourismus begann an der Adria. Wohl jeder findet in der Familie ein Fotoalbum von Omi und Opi, die im VW Käfer oder Opel Rekord die Alpen überquerten und stolz vor ihrem Hotel oder dem Campingplatz posierten. Beim gemütlichen Diaabend daheim wurden dann zu den Bildern

---

* Ursprünglich hatte der Hersteller den Roller »Paperino« nennen wollen – »Entchen«.

aus dem fernen, exotischen Süden Käseigel gereicht – und vielleicht sogar eine mitgebrachte Flasche Wein im Bastkörbchen geöffnet.

Ein paar Zahlen: Bereits 1954 fuhren fast zwei Millionen Deutsche nach Italien. Für 32 Prozent der Bundesbürger war 1955 Italien bei einer Umfrage das Traumziel, und im Jahr 1958, als erst ein Drittel von ihnen überhaupt schon einmal eine Urlaubsreise unternommen hatte, waren bereits zehn Prozent in Italien gewesen.[4]

Der wirtschaftliche Aufschwung vor Ort war enorm – unbedeutende Ansiedlungen wie Lignano, Bibione und Jesolo wuchsen innerhalb weniger Jahre zu mittelgroßen Städten mit Abertausenden Hotelbetten.

Ein adriatischer Sonderfall soll hierbei nicht unerwähnt bleiben: Die Insel Grado* war schon seit dem späten 19. Jahrhundert ein beliebtes Urlaubsziel des Wiener Hochadels. Man zog mit allen Hausangestellten gen Süden, verbrachte mehrere Monate lang die Sommerfrische hier und genoss die Zeit auf der damals noch nicht mit dem Festland verbundenen Fischerinsel. Einige der damals errichteten Villen dienen heute als stimmungsvolle Hotels.

Doch die Deutschen brachten nicht nur viele Erinnerungen und ordentliche Sonnenbrände mit zurück in die Heimat, sondern auch den Appetit auf bis dato sehr exotische Produkte wie Spaghetti, Scampi oder Pizza. Und sie lernten, dass »Osteria« auf der dritten und nicht auf der zweiten Silbe betont wird.

Wie nachhaltig diese Prägung bis heute ist, lässt sich jeden Tag im Supermarkt feststellen: Viele unserer Lieblingsprodukte haben den grün-weiß-roten Anstrich oder tragen italienische Namen – mindestens zwei deutsche Generationen sind mit

* Meine Heimat!

»Miracoli«-Nudeln groß geworden (siehe dazu auch »Warum schmeckt es hier eigentlich so gut?«).

Sogar deutsche Autos werden bis heute gern mit italienischen Modellnamen versehen, weil das fortschrittlich und schnittig klingt: VW fährt mit Scirocco, Lupo und Bora vor, Opel schickt den Ascona, den Monza und aktuell wieder den Corsa ins Rennen, und Porsche hält die weltweiten Namensrechte am Targa. Auf Deutsch heißt »targa« einfach »Schild«.*

Auch in Film und Fernsehen wurde Italien omnipräsent. Die Reihe »Don Camillo und Peppone« (1952) gehört zu den großen Nachkriegserfolgen. In »Wir Wunderkinder« (1958) gibt es eine Stippvisite nach Verona, in »Der Untertan« (1951) wird Rom besucht. Die Komödie »Das kann doch unsren Willi nicht erschüttern« (1970) liefert eine Paraderolle für Heinz Erhardt, der als Willi Hirsekorn den Zwist mit den Nachbarn im adriatischen Urlaubsort Caorle fortsetzt – inklusive allerlei amouröser Techtelmechtel.

Erst in den 1970er-Jahren, mit häufigeren und günstigeren Flugverbindungen, wurden klassische Adria-Urlauber auch von Mallorca, Ibiza und Teneriffa angelockt, später dann von der Karibik, und schließlich – mit dem Aufkommen der Billigflieger, Last-Minute-Angebote und Online-Buchungsportale – stand den Urlaubern die ganze Welt offen. Eine zweiwöchige Thailandreise kann mittlerweile billiger sein als ein gleich langer Urlaub in Italien. Nicht zu vergessen die Konkurrenz am eigenen Meer: Die Adriaküste des ehemaligen Jugoslawien punktet mit niedrigen Preisen und klarem Wasser.

---

* Inspiration war die »Targa Florio«, ein sizilianisches Langstreckenrennen, das seit 1906 auf öffentlichen Straßen gefahren wurde. Die Sizilianer wurden zuvor aufgerufen, Haustiere einzusperren und ihre Kinder zu beaufsichtigen. Hupen gab es noch nicht – wer Passanten warnen wollte, gab kräftig Gas, was ein lautes Auspuffgeräusch verursachte.

Sicher: Die Magie von einst, die Goethe, Krupp und unsere Großeltern erleben durften, ist vorbei, doch das betrifft aufgrund der bequemen Erreichbarkeit längst so gut wie jeden Winkel der Erde. Ein Trost bleibt: Mag sich die Welt auch immer ähnlicher werden, mag die Globalisierung immer mehr Unterschiede fortspülen – Italien wird immer Italien bleiben. Und ein warmer Sommerabend mit einem dampfenden Teller *Spaghetti vongole,* einem Glas kühlen Weißwein, dem Zirpen der Grillen und dem Wellenschlag an der Ufermole wird sicher niemals seinen Charme verlieren.

I. LEBEN UND GENIESSEN

»›Dumm gelaufen, die Schlacht im Teutoburger Wald. Hätten die Barbaren damals die Römer nicht verprügelt, wäre in Deutschland einiges anders gelaufen und das deutsche Essen heute um einiges leckerer‹, sinnierte mein Freund Alik. ›Vor allem hätten wir hier eine viel feinere Küche: Risotto statt Klopse, guten Rotwein, optimistische Volksmusik, und alle Nachrichtensprecher wären Blondinen mit Locken und großem Busen! Aber sie mussten ja die Römer verjagen aus ihrem tollen Wald, und was haben sie nun davon? Döner Kebab!‹«

Wladimir Kaminer[5]

Was Giraffen mit dem Wohlbefinden zu tun haben

Der erste Zugang zum Italien-Prinzip erfolgt nicht intellektuell, sondern sensorisch-kulinarisch: Lasst uns über gutes Essen und Trinken reden. Und dazu reisen wir 2 000 Jahre zurück zu einer der größten Naturkatastrophen, die Europa je erleiden musste. Im Jahr 79 nach Christus brach der Vesuv aus und begrub die Städte Pompeji und Herculaneum unter sich. Die Eruption entsprach der Vernichtungskraft von 100 000 Hiroshima-Bomben, die Gaswolke schoss bis zu 30 Kilometer in die Höhe, und es kamen Tausende Menschen ums Leben. Sie erstickten, wurden von herabfallenden Felsbrocken erschlagen oder verbrannten.

Die Städte blieben viele Jahrhunderte unter einer bis zu 25 Meter dicken Gesteinsschicht verborgen – was anschaulich zeigt, wie tödlich die Katastrophe war. Doch für Wissenschaftler war der Vulkanausbruch eine große Hilfe, konservierte er doch gewissermaßen das Leben im Römischen Reich. Nicht zuletzt dank dieser Eruption ist unser Kenntnisstand über den Alltag der alten Römer heute so hoch.

Archäologen der Uni Cincinnati haben zehn Jahre lang die Ausgrabungen von Pompeji speziell im Hinblick auf Nahrungsmittel untersucht. Denn nicht nur Gebäude und

Menschen wurden im Jahr 79 nach Christus unter pyroklastischen Strömen aus dem Vesuv begraben, sondern auch all ihre Speisekammern, Latrinen und Küchenabfälle. Die Forscher fanden daher die typischen Überreste einer gesunden mediterranen Diät: Fisch, Obst, Linsen, Getreide, Oliven, Nüsse.* Doch die interessantesten Entdeckungen machten sie in den Abfallhalden beim Stabiae-Tor, einer damals beliebten Einkaufsmeile, wo es auch viele Schnellimbisse und Restaurants gab. Dort fanden die Forscher Reste einer fachmännisch aufbereiteten Giraffenkeule – übrigens der einzige Giraffenknochen, der je auf dem Gebiet des Römischen Reichs ausgegraben wurde. Was das Forscherteam um Steven Ellis fast noch mehr überraschte: Man entdeckte den Knochen in einem ganz normalen Restaurant und nicht etwa in einem Luxus-Diniertempel der Oberschicht. Außerdem fand man Reste von Seeigeln und Gewürze aus Indonesien. »Selbst Römer, die nicht zur Elite gehörten, hatten einen ansehnlichen, abwechslungsreichen Speiseplan und einen hohen Lebensstandard«, folgert Ellis – mit Spezialitäten, die nur aus dem Fernhandel stammen konnten.[6] Apicius, der im ersten Jahrhundert vor Christus lebte, schrieb eines der ältesten überlieferten Kochbücher der Welt.[7] Er wusste schon damals, dass man Flamingos am besten mit Lauch, Kümmel, Koriander, Minze und Pfeffer dünstet, und er empfahl unter anderem Bärensteaks, Siebenschläfer, Sauzitzen und gefüllte Haselmäuse.

* Spannend: Lange galt der 24. August als Datum des Ausbruchs, doch eben aufgrund der gefundenen und genau analysierten Essensreste, darunter erst im Herbst reifende Kastanien, Granatäpfel, Oliven und Pfirsichkerne, sowie einer kürzlich entdeckten Inschrift vermutet man nun Ende Oktober.

Was sagt uns das? Die Italiener haben auch vor 2 000 Jahren schon gut gelebt. Gibt es möglicherweise einen Zusammenhang zwischen einer blühenden Kultur und einer ebenso üppigen Ess- und Trinkkultur? Eine Verbindung zwischen gutem Leben und reich gedecktem Tisch? Damit sollten wir uns näher befassen.

Warum schmeckt es hier eigentlich so gut?

Politik und Wirtschaft – ach, es ist ein Elend. Und es scheint nicht besser zu werden. *Un disastro,* finden auch die Italiener. Die Kulinarik aber – die ist nach wie vor Weltklasse, und daran wird sich ganz bestimmt nichts ändern. Überraschung: Das eine hängt mit dem anderen zusammen. Aber dazu gleich mehr.

Zunächst wäre es ganz einfach, in Italien gut zu essen. Massimo Bottura gilt als einer der besten und kreativsten Köche der Welt, und wer einen der elf Tische in der »Osteria Francescana« in Modena ergattert (viel Glück dabei), wird nicht enttäuscht werden. Doch Botturas Zaubereien haben so viel mit italienischer Küche zu tun wie Sven Elverfeld mit niedersächsischem Braunkohl oder Tim Raue mit Berliner Currywurst.

Nein, der Zauber italienischer Küche lässt sich mit einem kleinen Gedankenspiel veranschaulichen: Angenommen, ihr befindet euch auf der Autobahn und nehmt die nächste Ausfahrt, um die erstbeste Trattoria anzusteuern, die sich euch in den Weg wirft. Es ist recht wahrscheinlich, dass ihr dort etwas Ordentliches zu essen bekommt. Dass ihr einen Familienbetrieb mit *mamma* in der Küche findet. Dass die Pasta selbst gemacht ist. In Frankreich könnte dieses Experiment möglicherweise dramatisch scheitern – dort bewegt man sich sicherheitshalber mit dem Guide Michelin durchs Hinterland.

Die hohe Meinung von italienischem Essen wird in der ganzen Welt geteilt, wie eine Umfrage unter 27 000 Vielreisenden zeigte: 32 Prozent bevorzugten die italienische Küche, mit einigem Abstand folgten Frankreich und Japan. Wohlgemerkt – diese Umfrage wurde unter Reisenden durchgeführt, die viele internationale Küchen kennen dürften. Kulinarische Köstlichkeiten sind zudem eine Wirtschaftsmacht: 19 Prozent der in Italien produzierten Lebensmittel werden nach Deutschland verkauft, es folgen Frankreich (12 Prozent) und die USA (8 Prozent). Italien exportiert jährlich Wein im Wert von fünf Milliarden Euro, Käse und Pasta im Wert von jeweils zwei Milliarden Euro und Olivenöl im Wert von 1,2 Milliarden Euro. Selbst italienische Krimikommissare wie Commissario Montalbano sind große Schleckermäuler, Marco Malvaldi lässt die beliebte Krimiserie »BarLume« direkt in einer Bar spielen, in Giuseppe Tomasis Klassiker »Il Gattopardo« dampfen die Makkaroni auf dem Tisch, und jeder dritte Italiener schaut regelmäßig Kochshows im Fernsehen.

Einerseits weist Italien schon geografisch eine kaum zu überbietende Vielfalt auf. Ein lang gestrecktes Land, das über 7 000 Kilometer fischreiche Küste und mehr als 4 000 Meter hohe Berge verfügt, das sich von Nord nach Süd durch alpines bis nahezu wüstenähnliches Gebiet zieht, also beinahe jede Klimazone in sich vereint – solche Reichhaltigkeit auf so engem Raum findet sich selten.

Doch es gibt einen anderen, mindestens genauso wichtigen Grund, warum die italienische Küche die beste Alltagsküche der Welt ist. Denn jede Region, jede Provinz, sogar jeder noch so kleine Ort hegt und pflegt seine Spezialitäten, gibt die Rezepte über Generationen weiter und lässt nur allerbeste Qualität zu. Weil es Teil der Tradition ist und Konfektionsware ein Verrat wäre. In Apulien wechselt die Form der Orecchiette (Öhrchennudeln) von Ort zu Ort, je nachdem, welche lokale Spezialität dazugehört. In Lecce sind sie tief wie kleine Schüsseln, um die Tomatensoße aufzunehmen, in Bari dagegen fast flach, weil sie mit *cime di rapa* (Stängelkohl) serviert werden. Dann gibt es noch die Spezialität *Pasta maritati* oder »verheiratete« Pasta. Orecchiette und die langen, hohlen Cavatelli werden zusammen für ein Gericht hergenommen, und zwar zu gleichen Teilen, damit sich keine Pastasorte einsam fühlt. Die gefäßförmigen Orecchiette repräsentieren die Braut, die lang gezogenen Cavatelli den Bräutigam – die Symbolik ist wohl klar.

Genau wegen dieser Kirchturmmentalität wird es Italien niemals gelingen, zu einer führenden politisch-ökonomischen Macht zu werden. Der Individualismus unterminiert jedes echte Gemeinschaftsgefühl. Die Italiener sind ein renitenter, unregierbarer Haufen. Aber genau diese Kirchturmmentalität sorgt für eine einzigartige kulinarische Vielfalt, die es nirgendwo sonst gibt, auch nicht beim zentralistischer geprägten Dauerkonkurrenten Frankreich.

Spielen wir das Warum-Spiel noch ein wenig weiter: Warum entstand überhaupt erst diese Kirchturmmentalität, wenn sich doch im nahen Frankreich und Spanien bereits früh der Zentralismus durchsetzte?

Italien war über Jahrhunderte ein zerrissenes Gebilde, ein politischer Flickenteppich. Im Norden lagen reiche Stadtstaaten praktisch ständig miteinander im Krieg. Wobei Kriege nicht so abliefen wie die grausame *Magdeburgisierung* im Dreißigjährigen Krieg: Städte wurden selten geplündert oder gar komplett verwüstet; meist schickten die Fürsten ein paar Dutzend Ritter in die Schlacht, unterstützt von Söldnern, die interessanterweise oft aus der Schweiz stammten.*

---

* Die Schweizergarde des Vatikans rührt aus dieser kriegerischen Tradition des heute so friedlichen Alpenvolks.

Das Ganze erinnert beinahe an moderne Fußballspiele, wenn auch deutlich blutiger – aber eben nie so verheerend wie klassische Kriege.* Diese ewigen Scharmützel sorgten für tiefe Feindschaften und das Herauskristallisieren einer eigenen – kulturellen wie kulinarischen – Identität. Im Süden des Landes hingegen mussten die Einwohner über Jahrhunderte nordafrikanische und osmanische Piraten fürchten, die immer wieder die Küstenorte überfielen. Auch hier gab es Schutz nur in der Dorfgemeinschaft, die sich bei derlei Gelegenheiten meist weit ins Hinterland zurückzog, und noch Johann Wolfgang von Goethe hatte bei seiner Italienreise Angst vor den muslimischen Räubern, die nicht nur Dörfer plünderten, sondern auch Frauen und Kinder entführten. Diese beständige Angst (bis heute ist *Mamma, li Turchi!* ein geflügeltes Wort im Süden) sorgte für eine ähnliche Einigelung wie die erbitterten Feindschaften zwischen Nachbarstädten im Norden.

Und: Der Süden war beinahe ständig fremden Invasoren unterworfen. Praktisch jede Hochkultur schaute im Laufe der letzten drei Jahrtausende mal auf einen Eroberungszug oder Tempelbau vorbei. Phönizier, Karthager, Griechen, natürlich die Römer, Araber, Normannen, Staufer, Franzosen, Spanier: Sie alle hinterließen ihre Spuren – nur in der Kulinarik konnte noch ein Rest Identität bewahrt werden.

Es gibt aber auch ein Problem, das Italien nach einer Schätzung der Cassa di Risparmio del Veneto jährlich 60 Milliarden Euro kostet und längst auch die EU beschäftigt:

---

* Berühmt war etwa der »Eimerkrieg« zwischen Bologna und Modena 1325–1337. Obwohl die Bologneser zahlenmäßig überlegen waren, konnte Modena einen Sieg erringen. Als ironisches Zeichen ihres Triumphs nahmen sie als Kriegsbeute einen Eimer aus Eichenholz aus einem Brunnen des Stadttors mit. Jener Eimer steht noch heute im Rathaus zu Modena.

Internationale Produzenten stellen Lebensmittel her, denen sie durch die Verpackung, die Farben und die Namen den Anschein geben, sie würden aus Italien stammen. Durch dieses *Italian Sounding* entgehen italienischen Herstellern gewaltige Summen. »Miracoli«-Nudeln mit dem »Pamesello«-Käse oder die »Ristorante«-Pizzen von Dr. Oetker sind noch harmlose Beispiele. Gern werden auch toskanische Motive auf die Packungen gedruckt, etwa der Schiefe Turm von Pisa. *Italian Sounding* gibt es zudem in der Gastronomie: Nur weil die Trattoria »Bella Toscana« heißt, steht noch lange keine toskanische *mamma* in der Küche.

Am besten ist es, ihr fahrt einfach nach Italien und schlemmt euch von Norden nach Süden ordentlich durch. Meine Lieblingsrestaurants findet ihr in meinem Blog* – wobei ihr ja jetzt angesichts des Autobahnbeispiels wisst: Ihr werdet es fast überall gut erwischen.

* www.postausitalien.com

Exkurs: Die Nudel – nichts ist italienischer

Die Chinesen haben vieles erfunden: das Papier, den Regenschirm, das Schießpulver, das Porzellan, und möglicherweise sogar den Golfsport. Die Demokratie – nun, die haben sie vielleicht nicht erfunden. Aber zumindest die ersten sicheren Pasta-Nachweise stammen aus Asien. Bereits aus dem vierten Jahrtausend vor Christus lassen sich Belege für begierigen Pasta-Verzehr finden, wobei die Nudel sich nie selbst genug war, sondern eher als Transportmittel für Geschmacksstoffe diente. Der Teig wurde mit allerlei Gewürzen und Aromen durchmischt, etwa Rosenöl.

Seit dem fünften Jahrhundert vor Christus sind in Europa die ersten Mühlvorrichtungen nachgewiesen, bis zur Pasta war es allerdings noch ein weiter Weg: Um Apicius' Zeit kannten die Römer immerhin ein Gericht namens *lagane.* Der nudelähnliche Teig aus Mehl und Wasser wurde aber nicht in Wasser gekocht, sondern gebraten oder im Ofen gebacken und ausgewalzt.

Die beste Pasta, da ist man sich in Italien einig, wird in Gragnano bei Neapel hergestellt, einem Ort in Sichtweite des Vesuvs, 15 Kilometer landeinwärts von Sorrent. Dort sind noch heute zwölf Nudelfirmen ansässig; einst waren es über hundert. Jahrhundertelang basierte die Wirtschaft von

Gragnano ausschließlich auf Pasta. Jeder Palazzo war eine Pasta-Manufaktur, und 300 Tage im Jahr wurde die Pasta draußen auf dem Corso Italia getrocknet, der von den Stadtplanern exakt in der vorherrschenden Windrichtung angelegt worden war.

Fast alle Sterneköche verwenden Pasta aus einer der kleinen Pasta-Manufakturen in Gragnano. Was zeichnet diese aus? Sie lassen es langsam angehen. Der erste Schritt, die Vermischung von Hartweizenmehl mit dem guten lokalen Bergquellwasser, findet zum Beispiel beim Familienbetrieb Faella in aller Ruhe und unter ständiger Aufsicht statt. Kein Roboter rührt mit hektischen Rührstäben herum. »Wir machen dem Teig keinen Stress«, sagt der Manager, »dann wird das Korn nicht unruhig.« Das Prinzip der Langsamkeit setzt sich auch bei der Formung im Bronzesieb fort, der sogenannten Extrusion, welche für die raue Oberfläche sorgt.

Genauso wichtig ist die gemütliche gleichmäßige Trocknung. Große Industrieunternehmen trocknen den Pastateig bei bis zu 110 Grad Celsius, weil es ja schnell gehen muss, allerdings wird der Teig dann spröde und verhärtet unterschiedlich schnell. Bei Faella liegen die Temperaturen in der Trockenkammer bei maximal 48 bis 50 Grad. Die *Candele,* die dicksten Nudeln, die man hier herstellt, brauchen drei Tage, um auszutrocknen. Und in diesen drei Tagen ist der Betrieb regelrecht lahmgelegt, denn die Trockenkammer ist ja besetzt. Man muss also abwarten und *caffè* trinken.

Jedenfalls bremst diese Gemächlichkeit den Ausstoß von Faella und anderen Firmen, wenngleich es auch in Gragnano ein paar größere Betriebe gibt, die schon mal industriell nachhelfen. Um es ins Verhältnis zu setzen: Faella produziert im Jahr 300 Tonnen Pasta, am Tag also etwa 800 Kilogramm. Garofalo, der größte Produzent in Gragnano, schafft diese Menge an einem Tag – und der Marktführer Barilla aus Parma, der 30 Prozent der weltweiten Nudel-Gier befriedigt, in einer Stunde.

Jetzt kommen wir zur legendären rauen Oberfläche, der *trafilatura al bronzo,* die alle Gourmets dieser Welt vor Freude mit der Zunge schnalzen lässt. Auch bei Faella presst man die Pasta selbstverständlich durch ein archaisches Bronzesieb, was unglaublich mühsam und langwierig ist, für geringen Ausstoß sorgt und zudem viel Mehlstaub aufwirbelt, der sich in den Maschinen festsetzt und diese wartungsintensiv macht. Sprich: Bronzepressung macht die Pasta teuer.

Aber egal, wie sehr unter Kennern von Bronzepresspasta geschwärmt wird: Es ist nicht automatisch das bessere Produkt. Wenn die *materia prima* stimmt, nämlich hochwertiger Hartweizengrieß und gutes Wasser, dann ist auch glatte Pasta, die durch Teflondüsen gleitet, ein wahrer Genuss. In diesem Fall irren also jene Feinschmecker, welche die raue Oberfläche zum alleinigen Erkennungszeichen einer guten Nudel erklären.

Raue Pasta ist schlichtweg ein bisschen Mode geworden, und es stimmt, dass sie zu vielen *sughi* sehr, sehr gut passt, weil sie sich besser mit den Beigaben vermählt. Aber diese Vermählung kann ja manchmal auch unerwünscht sein – ein Grund, warum man zu Meeresfrüchten eher glatte Spaghettini serviert, denn es wäre doch ein ziemlich anstrengendes Geesse, wenn man erst einmal umständlich die Muschelschalen von der Pasta trennen müsste. Spaghettini werden übrigens auch bei Faella fast nur durch die Teflonform gepresst. Sie sind zu dünn, als dass man ihre Oberfläche noch zusätzlich aufrauen könnte.

Man muss auch keine Eiertänze machen, um wirklich jede Nudelform einmal ausprobiert zu haben. »Pasta wurde lang geboren«, sagt man bei Faella. »Die wahre Pasta ist die lange Pasta.« Also Spaghetti und Makkaroni. Früher wurden die langen Nudeln heimgebracht, und am Sonntag setzte sich die Familie zum Pastabrechen an den Tisch – die mehr als einen halben Meter langen Spaghetti, Makkaroni und Candele, die hohl und hart wie Eisenrohre sind, wurden in Stücke gebrochen, die ruhig ungleichmäßig sein durften. Irgendwann fehlte selbst den Italienern die Zeit für dieses Ritual, und die *pasta corta* kam auf. Die so beliebten Penne, die kurzen Röhrennudeln, waren einst nichts anderes als kurz gebrochene Candele.

Pasta-Brechen – wäre das nicht eine tolle Tradition, die man wieder einführen sollte?

Exkurs: Die düstere Seite der Zitronen und die Tomaten im Ketchup

Hier noch zwei interessante Geschichten, die zeigen, wie durchdrungen Italiens Geschichte vom Essen und Trinken ist. So unwahrscheinlich es klingt: Zitronen haben die Mafia entstehen lassen. Dank der idyllischen Zitronenplantagen rund um Palermo gelangte Sizilien Anfang des 19. Jahrhunderts zu enormem Reichtum. Das Problem: Die Pflanzen sind äußerst empfindlich, eine regelmäßige Bewässerung daher enorm wichtig – eine kurze Unterbrechung des Wasserstroms, und die ganze Ernte ist dahin. Eine Bande Krimineller witterte dahinter eine Geschäftsidee. Den Grundbesitzern wurde – zunächst in anonymen Briefen – die Einstellung bestimmter Wachmänner und Plantagenverwalter nahegelegt, die für die Sicherheit der Zitronenbäume sorgen sollten. Wer sich weigerte, wurde zunächst bedroht, dann verprügelt und im Extremfall getötet. Die Polizei schaute weg oder wurde per Bestechung gefügig gemacht – die Zitrusfrüchte warfen genug Geld für alle ab. Der Staat hatte zu dieser Zeit andere Sorgen: Italien rang um die nationale Einheit, da schienen die seltsamen Vorkommnisse im Süden nur eine Nebensache zu sein. Bald bildeten sich Ableger der Zitronen-Idee in ganz Sizilien. Und so entstanden nach und nach die großen, inselumspannenden Clans mit immer größerem Einfluss. Einer der Hauptabnehmer der Zitronen waren die USA, und die vielen italienischen Einwanderer taten ein Übriges, dass nicht nur die saftigen Früchte, sondern auch die italienischen Umtriebe zu einem Exportschlager in der Neuen Welt wurden.

* * *

Und: Vieles spricht dafür, dass wir auch das Ketchup in seiner heutigen Form den Italienern zu verdanken haben. Ketchup begleitet die Menschheit kulinarisch schon über viele Jahrhunderte, doch die Tomate kam erst als letzte Beigabe hinzu. Die Gewürzsoße dürfte aus Südostasien stammen, und möglicherweise kommt der Begriff aus dem Indonesischen, wo »kecap« zunächst eine Sojasoße bezeichnete. Später standen Sardellenpaste, Essig und Gewürznelken auf der Zutatenliste, wie ein Reisebericht aus dem Jahr 1711 festhielt. 1727 tauchte in der englischen Sprache das erste Rezept für Ketchup auf, das damals noch »high East-India-Sauce« hieß, zusätzlich angereichert mit Schalotten und Weißwein. Immer noch ähnelte Ketchup eher einer Fischsoße, später kursierten Rezepte auf der Basis von Pilzen, Muscheln, Austern und Walnüssen. Erst 1812 riet ein US-Rezept zur Beigabe von pürierten Tomaten. Vermutlich ließ man sich von dem wohl berühmtesten Tomatengericht der Welt inspirieren, der *Pasta al pomodoro,* Nudeln mit italienischer Tomatensoße. Höchstwahrscheinlich brachte einer der zahllosen neapolitanischen Einwanderer die Idee mit. Genau deswegen spricht man offiziell auch immer von »Tomatenketchup« (und nicht einfach »Ketchup«), weil Hersteller früher damit die neue Zutat deutlich machen wollten. Das rote Ketchup setzte sich in den USA schnell durch, und auch die Deutschen kamen nach 1945 auf den Geschmack.

Nur ein kleiner Happen: Die »mediterrane Diät«

Ich wollte nicht allzu ausführlich auf die sogenannte mediterrane Diät eingehen, denn das machen ja schon andere Bücher zur Genüge, aber erstens habe ich gerade Hunger, und zweitens sind Italienfreunde ja immer auch Genießer. Zwar glaube auch ich, dass die mediterrane Diät Teil des Italien-Prinzips und daher mit ein Schlüssel zum Glück ist. Ich glaube aber nicht, dass das allein auf die (zweifellos hohe) Qualität des Essens zurückzuführen ist. Einfach ein bisschen italienisch kochen ist noch keine »mediterrane Diät«. Es geht generell um die Entdeckung der Langsamkeit, das Beisammensein mit Familie und Freunden – siehe dazu auch »Familienfrieden mit Pasta« –, den bewussten Genuss, das beruhigende Ritual des gemeinsamen Sonntags. Da ist es beinahe *(beinahe!)* zweitrangig, was genau auf den Tisch kommt, denn ein echter mediterraner Speiseplan ist ohnehin schwer aufzustellen. Wie verbindet man rustikale toskanische Köstlichkeiten wie die *Bistecca alla fiorentina* oder die dicken Pici-Nudeln zum Wildschweinragout mit den filigranen rohen Fischplatten in Apulien und Sizilien? Was hat Schinken aus San Daniele oder Parma mit adriatischen *Spaghetti vongole* zu tun? Wie passen die venezianische *moèche* oder die florentinischen *trippe* ins Bild?* Nein, es geht um das große Ganze. Und darum – zumindest das scheint ein wissenschaftlich haltbares Indiz zu sein –, mehr Olivenöl statt Butter zu verwenden. Schon die Römer zogen ja eine »Olivenöl-Grenze«: Die Kultur hörte für sie dort auf, wo Bier und Butter statt Wein und Olivenöl auf den Tisch kamen.

Mit meinen deutschen Kumpels habe ich mich regelmäßig zum Trinken getroffen, meist in unserer geliebten Kneipe mit dem schönen Namen »Zapfhahn«. Mit meinen italienischen Kumpels treffen wir uns jeden zweiten Dienstag zum Kochen. Wir stehen alle in der Küche, die glücklicherweise groß genug ist; selbst für mich gibt es was zu schnippeln. Es geht hoch her, und meistens wird leidenschaftlich über Essen und Trinken diskutiert. (Manchmal natürlich auch über Frauen und Politik.) Zu trinken gibt es auch, aber in Maßen. Das ist der Unterschied.

* Moèche sind frisch gehäutete Krebse, die im Ganzen frittiert und gegessen werden – mit Panzern, Scheren und Beinchen. Trippe sind Kutteln.

Culinary Therapy – Psychokur auf Italienisch

Kein Wunder, dass neuerdings in der Psychologie mit der sogenannten Culinary Therapy gearbeitet wird: Diese Küchentherapie stammt aus Frankreich, wird seit einiger Zeit auch in den USA angewandt und ist jetzt nach Deutschland gekommen: Psychische Störungen aller Art werden an Herd und Schneidebrett behandelt. Dabei wird gemeinsam gekocht, und das tut gut. Die Küchenarbeit stärkt das Selbstbewusstsein, sorgt für soziale Interaktion, schafft eine Gegenwelt zu der tristen Wirklichkeit eines Klinikaufenthalts und regt die Sinne an; selbst schwer depressive Patienten können sich an einer gelungenen hausgemachten Pasta erfreuen, denn das Kneten von Nudelteig gilt als besonders effektiv sowohl bei der Behandlung von Aggressionsstörungen als auch bei Depressionen, bei ADHS und sogar bei Essstörungen. Zur Culinary Therapy gehört übrigens nicht nur das Kochen selbst, sondern beispielsweise auch das Anlegen von Gemüsebeeten oder der Einkauf auf dem Markt. Der gesamte therapeutische Prozess fördert das Selbstbewusstsein und sorgt für Entspannung, Anerkennung, Kommunikation, Konzentration – und ganz nebenbei auch noch für eine bessere Ernährung. Wenn ihr eure Pasta also selbst macht, tut ihr auch noch prophylaktisch etwas für eure psychische Gesundheit. Italiener, so erkennen wir, brauchen keinen Psychologen, weil ihr ganzes Leben ja eine einzige Culinary Therapy ist.

Mehr *Italianità* ins Leben, Aufgabe I: Kocht für die Familie!

Ich bin ein hervorragender Esser. Ich esse alles, was mich nicht zuerst isst. Dank meines Lebensmittelpunkts in Italien habe ich mittlerweile sogar ein gewisses Maß an Fachwissen angehäuft, das zumindest im Bekanntenkreis beeindruckt. Einige meiner Bücher drehen sich ausschließlich um das gute Essen.*

Trotzdem konnte ich eines lange Zeit nicht: kochen.

Mir fiel aber auf, dass in Italien jeder gern und gut kocht. Unter Freunden geht man nicht, wie ich es aus Deutschland kenne, gemeinsam einen heben, sondern man trifft sich bei dem, der die größte Küche hat, und alle helfen mit. Der Wein wird tatsächlich zum Kochen verwendet und nicht zum Vorglühen, um in Stimmung zu kommen.

Wie ich schnell herausgefunden habe, ist kochen in Italien so selbstverständlich wie lesen und Rad fahren. Wer behauptet, nicht kochen zu können, wird genauso merkwürdig angeschaut wie jemand, der behauptet, die Schlagzeilen der *Bild*-Zeitung nicht entziffern zu können. Es wäre ein Eingeständnis von intellektueller und praktischer Impotenz.

* Mehr über meine Werke im Anhang.

Kochen, so haben Forscher herausgefunden, ist mehr als nur Essensvorbereitung. »Es beruhigt die Nerven, heilt gebrochene Herzen und hilft gegen Langeweile, innere Unruhe und Angstzustände«, schreibt die *New York Daily News.* »Während Stress die Sinne abstumpft, aktiviert das Kochen sie«, meint die amerikanische Ratgeberautorin Debbie Mandel. »Kochen ist eine umfassend anregende Erfahrung.«[8]

In meinen Reportagen geht es immer wieder auch um Essen und Trinken. Dabei hatte ich das Glück, den ganz Großen im Geschäft bei ihrer virtuosen Kunst zuschauen zu können, etwa den Sterneköchen Silvio Nickol in Wien, Giuseppe Sestito und Maurizio Bufi vom Gardasee, den Mailändern Carlo Cracco, Claudio Sadler, Viviana Varese, Fabio Baldassarre und Andrea Aprea, der Apulierin Teresa Buongiorno und den in Süditalien aufstrebenden Sterne-Anwärtern Vito Giannuzzi und Cristina Conte, die vorzügliche Spaghetti Carbonara aus Eiern zaubert – und zwar aus Seeigeleiern.

Ganz eindrucksvoll war mein bunter Überraschungsteller, den ich mir von Viviana Varese abschaute*: Sie kocht kurze, dicke hohle Pasta, zum Beispiel *paccheri,* stellt dann ein gutes Dutzend dieser Nudeln als kleine Gefäße auf den Teller und füllt sie mit ganz unterschiedlichen Häppchen auf, ob Thunfisch, Tomatenstücke, Gurke oder Garnele. Das sieht nicht nur hübsch bunt aus und gefällt den Kleinen, sondern schmeckt auch fein.

So bin ich immer wieder nah dran an den besten Köchen der Welt.

Wie gesagt: Ich verstand durchaus etwas vom Essen, nur eben recht wenig von seiner eigentlichen Zubereitung.

---

* Ihr Restaurant »Alice« bekam exakt zwei Wochen nach meinem Besuch den ersten Michelin-Stern. Ambitionierte Köche dürfen mich gern kontaktieren und als Glücksbringer zum Essen einladen.

Ich hatte überlegt, ein Praktikum in einer Profiküche zu absolvieren – bei uns in Grado gibt es ein paar erstklassige Restaurants, die in der Nebensaison sicher nichts gegen einen Helfer gehabt hätten –, aber alle Köche rieten mir ab, und eines Abends in der Küche meiner Kumpels Allan und Attias Tarlao verstand ich, warum: Die professionellen Abläufe im Restaurant eignen sich kaum dazu, das Kochen wirklich von Grund auf zu lernen. Tatsächlich ist in Restaurants die Küche nicht nur hierarchisch, sondern auch strikt arbeitsteilig organisiert. Einer ist nur für die Antipasti zuständig, der andere nur für den Fisch, ein weiterer nur für die Desserts. Es ist keine Teamarbeit, auch wenn es so aussehen könnte, weil viele Menschen nebeneinander werkeln. Dabei darf der eine aber keineswegs die Messer des anderen anfassen, geschweige denn seinen Teller. Für ein paar Tage habe ich Spitzenkoch Bobby Bräuer über die Schulter geschaut – großartig. Aber praktische Tipps konnte ich nur wenige mitnehmen, allenfalls ist meine Ehrfurcht vor der Spitzenküche noch gewachsen.

Als Hobbykoch seid ihr also besser bei einem Allrounder aufgehoben, der von der Vorspeise bis zum Dessert alles kann. Und schon sind wir bei meiner italienischen Schwiegermutter. Wo hätte man gutes, schmackhaftes und stressfreies Kochen für vier bis vierzig Personen besser lernen können als bei ihr? Doch sie wollte sich leider nicht in die Karten gucken lassen. Sie fürchtete um ihr familiäres Alleinstellungsmerkmal.

Also gut, dann nahm ich es mir eben selbst vor.

Der Witz am Kochen ist: Man muss sich trauen. Das ist der ganze Trick: Tut es einfach! Eigentlich gelingt immer alles. Und wenn es nicht gelingt, dann gibt es ja das Internet. So konnte ich mich in wenigen Tagen zum König der Carbonara hochkochen, weil ich die Anweisungen von Sonia, der beliebten Köchin einer italienischen Internetseite, sklavisch befolgte. Wenn ihr nur ein kleines bisschen Italienisch sprecht und einfach alles tut, was sie sagt, könnt auch ihr vor euren Lieben glänzen.* Meinen persönlichen Klassiker, Risotto mit Garnelen, Knoblauch und Cashewkernen, verfeinerte ich nach und nach (etwa durch die Beigabe von ordentlich Safran), außerdem hatte ich große Freude an der Zubereitung von Ragout – mit allem Möglichen, was da so reingehört, vor allem aber mit frischen, klein geschnittenen Karotten –, und schon nach wenigen Tagen freuten sich meine Kinder, wenn sie erfuhren, dass ich in der Küche stand. Das fühlte sich gut an. Oder waren sie nur glücklich, dass sie in Ruhe ihre Comics sehen konnten statt der Golf-Übertragungen?

Das Kochen gefällt mir inzwischen richtig gut. Was mir letztlich in die Karten spielt: Ich habe die wohl einzige Italienerin geheiratet, die nicht gern kocht. Laura kann ausgezeichnet kochen; so hat sie mir, als ich immer wieder von dem deutschen Ritual einer Weihnachtsgans schwärmte, kurzerhand eine Gans gekauft, sie ausgenommen, vorbereitet, gefüllt und in den Ofen geschoben. Und: Sie gelang ihr!

Aber im Allgemeinen bin ich der Küchenchef. Jeden Abend mache ich ein Ritual daraus, die Zutaten, Töpfe und Messer vorzubereiten (in der Fachsprache ist das die *Mise en place*) und mir ein kühles Pils neben den Herd zu stellen. Vielleicht gibt das Zubereiten und Essen der mit eigener Hand verzehrbar gemachten Nahrung Halt und Sicherheit in einer Welt, die sich unserer Kontrolle immer weiter entzieht. Ich weiß nicht, was das nächste Jahr bringen wird. Aber ich weiß, dass mir bis dahin die Tagliatelle mit Lachs nie mehr misslingen werden. »Kochen ist eine so intensive Tätigkeit, dass es uns für eine Zeit lang alle Sorgen vergessen lässt«, schreibt die Lebenshilfe-Expertin Debbie Mandel. »Du bist ganz in der Gegenwart. Das von

---

* Direkt zur Carbonara geht es hier entlang: ricette.giallozafferano.it/Spaghetti-alla-Carbonara.html. Eine gute deutsche Website für italienische Küche ist Domenico Gentiles www.cookingitaly.de.

Problemen blockierte Gehirn kümmert sich eine Zeit lang um nichts anderes als um lebensfrohe Rezepte.«[9]

Ein erster Höhepunkt meiner persönlichen Kochtherapie ergab sich ganz zufällig im Sommer, als mein Schwager eine Grillparty schmiss. Ich hatte nicht schnell genug Nein gesagt und war zudem in eine ungünstige Position gedrängt worden – und so stand ich plötzlich mit Zange vor dem Grill und musste für sechzehn Italiener allerlei feine Sachen auflegen. Es war wohl wie die wunderbare Szene aus dem Film »Soulman«, als jeder unbedingt den »Schwarzen« im Basketball-Team haben will: Würstchen und ein Deutscher am Grill, dachten die Italiener, was kann da schon schiefgehen? Und es ging tatsächlich nichts schief, bis auf die Tatsache, dass ich mich mit dem Huhn verschätzte. Hühner auf dem Grill sind tückische Biester, die viel Aufmerksamkeit einfordern und ewig auf kleiner Flamme geröstet werden wollen. Na gut, gab es eben Huhn zum Nachtisch. Als ich endlich die letzte Platte an die Tafel trug und mich setzen konnte, gab es 30-händigen Applaus. Nur Marta konnte nicht klatschen, weil sie ihren ein Jahr alten Filippo im Arm hielt. Ich grinste bis über beide Ohren – ja, wirklich, ich glaube, meine Mundwinkel haben sich noch nie in ihrem Leben so sehr meinen Ohrläppchen genähert. Das war ein fantastisches Gefühl. »Kochen macht uns glücklich, weil wir für andere sorgen«, erklärt die Psychiaterin Carole Lieberman. »Wer für Menschen kocht, die er liebt, wird sozusagen von ihrer Anerkennung satt.«[10]

Organisation ist alles: Macht es wie die Köche!

Der folgende Satz wird bei italienischen Leserinnen und Lesern nicht gut ankommen, dabei steckt darin meine allergrößte Hochachtung. Italien ist ein Volk der Köchinnen und Köche, der Pizzabäcker und Barkeeper, der Sommeliers, Winzer und Maîtres. Die Italiener sind zwar sehr stolz auf ihre kulinarischen Traditionen, fühlen sich aber ungerecht behandelt, wenn man sie nur darauf reduziert. Nicht nur aufgrund des Tourismus, sondern auch dank der hohen Wertschätzung des Essens und Trinkens ist der Gastronomiesektor einer der wichtigsten Arbeitgeber des Landes – mehr als eine Million Italiener arbeiten in der Gastronomie, inklusive Hotelküchen, Weinstuben, Cafés und Bars. In jeder (Groß-)Familie gibt es mindestens eine Person mit professionellen kulinarischen Kenntnissen.

Und mag sich auch das Klischee vom herumbrüllenden Chefkoch, von fliegenden Tellern und hysterischen Wutanfällen hartnäckig in Film und Fernsehen halten: In italienischen Küchen herrschen Ordnung und Disziplin.

Auch Italiener sind, anders als es unsere etwas von Chaos, Lärm und Unordnung geprägte Klischeevorstellung suggerieren mag, in einem hohen Maße organisiert (meine italienische Frau ausgenommen). Gerade das Zeitmanagement ist vorbildlich: Trotz stundenlangen Kochens und Essens reicht die Zeit immer noch für Maniküre und Pediküre, fürs Gym, für die *bellezza* und für die Familie – und natürlich für den Job.

Ich vermute Folgendes: Viele Italiener haben sich die wichtige Küchenregel *Mise en place* auch für den Alltag abgeschaut. Hier haben die Franzosen einer Sache ihren Namen gegeben, die eigentlich fundamental italienisch ist. Die *Mise en place* ist ein Ritual, mit dem sich alle Köche dieser Welt für den bevorstehenden Ansturm rüsten, sich ihre Ausrüstung zurechtlegen und all das herrichten, was man bereits vorbereiten kann, bevor die Schlacht beginnt.

»For A More Ordered Life, Organize Like A Chef«[11], schrieb der US-Autor Dan Charnas. Denn die *Mise en place* ist mehr als nur die Vorbereitung des Arbeitsplatzes. Es ist eine Religion. Nein, wirklich: Niemand sollte einem Küchenchef (oder irgendjemandem mit festem Arbeitsplatz in einer Restaurantküche) dazwischenfunken. Die Koordination von Handgriffen und Material ist entscheidend für das Funktionieren jeder Küche. Denn dort ist es eng, laut, heiß und gefährlich. Je weniger sich ein Koch im Lauf des Abends bewegen muss, desto sicherer ist es für alle – und vor allem für ihn. Fettspritzer und Brandblasen sind eingepreist, aber größere Katastrophen können vermieden werden, wenn der Koch für häufige Handgriffe keine größeren Wege zurücklegen muss. Gute Köche, so heißt es, können mit verbundenen Augen kochen, weil nicht nur jeder Handgriff im Schlaf eintrainiert ist – sondern weil alles am exakt dafür vorgesehenen Ort liegt oder steht, ob Salz, Pfeffer, Olivenöl, die Messer, das Brot oder die Gewürze. Die Hand muss sich immer nur wenige Zentimeter bewegen, und der Koch kann beinahe stundenlang am Herd stehen, ohne hektisch in der Küche hin und her rennen zu müssen.

Mise en place ist mehr als nur Vorbereitung. Es ist eine Lebensphilosophie – und ganz sicher nicht die schlechteste. Wie die Tätigkeit eines Handwerkers, der monatelang an einem ganz besonderen Stück arbeitet, hat auch die *Mise en place* etwas Meditatives. »Es ist ein *Way of Life*«, sagt eine Schülerin des renommierten *Culinary Institute of America,* das die großartige Abkürzung CIA für sich beanspruchen kann. »Du konzentrierst dich auf das, was du zu tun hast, und blendest alle Störungen aus.« Und eine weitere Schülerin ergänzt: »Du machst aus deinem Leben eine *Mise en place.* Du bereitest im Vorhinein alles vor, was du für den Tag brauchst.« Viele Schüler sind tatsächlich dazu übergegangen, auch ihre Schreibtische dahingehend zu strukturieren: »Mein Arbeitsplatz ist wie meine Arbeitsstelle in der Küche organisiert«, sagt eine Studentin. »Selbst mein Kugelschreiber hat einen festen Platz.«

»Ja, es ist wie beim Zen«, sagt Greg Barr, Sous-Chef im New Yorker Nobel-Italiener »Esca«. »Alle meine Messer sind sauber. Mein Schneidebrett ist sauber. Mein Arbeitsplatz ist aufgeräumt. Mein Geist ist aufgeräumt.« Übrigens findet die *Mise en place* auch nach der Schicht statt, was besonders viel Disziplin erfordert – das weiß jeder, der nach einer rauschenden Party noch den Abwasch machen muss.

Dan Charnas zitiert CIA-Professor Dwayne F. LiPuma: »Die Welt ist ein einziges Hamsterrad. Würden wir uns alle ein wenig besser organisieren, ein wenig mehr *Mise en place* beherzigen und verstehen, was uns wichtig und was uns unwichtig ist, hätten wir mehr Zeit – mehr Zeit für die wirklich bedeutsamen Dinge.«

Um es auf weniger pathetische und deutlich pragmatischere Art auszudrücken, zitiere ich meinen italienischen Lieblings-Chefkoch Antonio Vergaro mit folgenden schlichten Worten: »Es macht einfach alles einfacher.«

Exkurs: Zehn Irrtümer über die italienische Küche

1. Italiener trinken Cappuccino.

Tun sie selten. Und wenn, dann höchstens früh am Morgen. Und Latte macchiato? Dazu mehr im nächsten Kapitel.

2. Italiener essen Pizza.

Ja, das tun sie, aber viel seltener, als wir denken. Mein italienischer Schwiegervater, 79, hat in seinem Leben vielleicht zwei Pizzen gegessen. Pizza ist eine Art Fast Food für junge Leute, die in Gesellschaft Spaß haben und wenig Geld ausgeben wollen. Auch Familien mit Kindern sind häufig in Pizzerien, um die kleinen Schreihälse effektiv abzufüttern (siehe Punkt 7). Ein romantisches Date dagegen, wie es die Werbung gern suggeriert, wird in Italien eher selten vor einem Pizzateller stattfinden.

3. Italiener benutzen keine Butter.

Nutella aufs Butterbrot: Das finden Italiener tatsächlich ausgesprochen widerlich. (Und wenn man mal genau drüber nachdenkt – Fett unter gesüßtem Fett –, so ganz unrecht haben sie ja nicht.) Auch zum Kochen wird selten Butter verwendet, aber beim Aufmontieren, fürs Risotto und bei Süßspeisen sind die Italiener natürlich keine Kostverächter.

4. Abends viel essen ist ungesund.

Egal, wie viele Ernährungsberater euch etwas anderes weismachen wollen: Italiener essen praktisch nur abends. Spät abends. Und auch noch all die bösen, bösen Kohlenhydrate, die man doch nach 18 Uhr nicht mehr essen soll. Dennoch haben sie weniger Körperfett als Deutsche, Briten oder Amerikaner.

5. Die italienische Küche ist üppig.

Wir alle kennen die Fotos überbordender Tische voller bunter, appetitlicher Speisen. Dabei ist die italienische Küche zumindest jenseits der Familienfeste recht spartanisch, mit viel Obst und noch mehr Gemüse. Fisch und Fleisch gelten immer noch als etwas Besonderes und kommen allenfalls zum Hauptgang in einer kleinen Portion auf den Tisch.

6. *La Mamma* steht am Herd.

Nein, in meiner Familie nicht. Ich bin derjenige, der kocht.

7. *Pizza wurstel* ist wirklich widerlich.

Eine repräsentative Umfrage unter meinen italienischen Töchtern und all ihren italienischen Freundinnen, Alter zwischen 5 und 16, ergab, dass 100 Prozent von ihnen *Pizza wurstel* lieben. Mag sein, dass die *Pizza wurstel* irgendwann einmal in Rimini für deutsche Touristen erfunden wurde. Aber das ist den *ragazze* herzlich egal. Wann immer wir in einer Pizzeria sind, krähen sie unisono: »*Pizza wurstel*, per favore.«

8. Italiener trinken kein Bier.

So wie die Deutschen immer mehr Wein trinken, werden die Italiener immer bierophiler. Nirgends gibt es mehr Mikro-Brauereien, und jedes ambitionierte Restaurant bietet längst eine Bierkarte an. Ganz ehrlich: Das sommerlich-heiße Klima Italiens macht es ja eigentlich zu einer idealen Biernation. Wer will im sommerlichen Süden schon zum schweren Primitivo greifen?

9. Lambrusco ist das Getränk für doofe Deutsche.

Die Achtziger waren ein schlimmes Jahrzehnt: Kalter Krieg, die *Challenger*-Katastrophe, Schulterpolster. Und natürlich Lambrusco aus Korbflaschen, süß und sprudlig. Mit der Zeit geriet dieser emilianische Rotwein schwer in Verruf, doch längst gibt es ambitionierte Winzer, die mit einem Lambrusco aufwarten, der nicht Süße, sondern Tiefgang verspricht.

10. Eiswürfel im Wein sind in Italien der schnellste Weg, sich als Barbar zu outen.

Also, das ist tatsächlich wahr.

Der perfekte Espresso: Die Suche nach dem »God Shot«

Den göttlichen Tropfen: Es gibt ihn nicht. Und doch verbringen immer mehr Menschen ihre freie Zeit damit, ihn zu suchen. Der perfekte Espresso wird wohl weiterhin ein lebenslanger Traum bleiben. Aber man kann sich dem God Shot annähern und ihn immer besser hinbekommen. Denn was wäre das genießerische Dasein ohne einen Espresso nach dem Essen – oder einfach nur mal zwischendurch, als kleiner Höhepunkt inmitten des dahinplätschernden Arbeitstages? In den letzten Jahren ist weltweit eine regelrechte Kaffeemanie ausgebrochen, einerseits in der Masse befeuert durch Giganten wie Starbucks, andererseits von einem Netzwerk rühriger Kaffee-Enthusiasten, die in Internetforen über die perfekte Wassertemperatur bis auf die Kommastelle genau diskutieren oder sich in ihrer Garage einen eigenen Röster aufgebaut haben. In Italien dagegen ist die Kaffeekultur »in einer Zeit stehen geblieben, als die Fernseher noch Antennen hatten«, wie ein Experte einmal lästerte. Und das ist verdammt gut so. Starbucks hat sich dort noch nicht breitgemacht. Und auch in den hippen Coffeeshops von Kopenhagen, Barcelona oder São Paulo kommen die Maschinen immer noch von den italienischen Herstellern Faema, La Marzocco, Nuova

Simonelli, La Pavoni und La San Marco – so klangvolle Namen, dass man sie bei Kaffeefreaks auf T-Shirts und sogar Tattoos wiederfindet. (Als Ferrari unter den Kaffeemaschinen gilt die »VA 388 Black Eagle« von Victoria Arduino, deren Prototyp nach sechs Jahren Entwicklungszeit 2014 vorgestellt wurde. Der Preis? Ein Kleinwagen.)

Doch um sich Tipps zum God Shot zu holen, sollen keine Blogger, sondern echte Baristi gefragt werden. Ja, Barmann oder Barfrau ist in Italien ein ehrbarer Beruf, ebenso wie Kellner, und kein Job von gestressten Studentinnen, die dringend dazuverdienen müssen und oft nicht ganz bei der Sache sind. Beim Schreiben dieser Zeilen blicke ich auf die Kaffeestadt Triest. Hier kam einst der Kaffee aus dem Orient an, hier entstanden die ersten Kaffeehäuser. Genau genommen sieht es in Triest nicht aus wie in Wien – vielmehr sieht es in Wien aus wie in Triest. Ich danke Serena, Cesare, Alessandra und Maddalena, bei denen ich hier in Grado seit vielen Jahren den Tag beginne und von denen ich die besten Tipps für den God Shot bekommen habe.

In erster Linie geht es um ein vernünftiges Ausgangsprodukt. Und vernünftig heißt: Achtet auf Trommelröstung. Die ist schonender, bekömmlicher, aromatischer. Die meisten Bohnen durchlaufen die Heißluftröstung. Die ist günstiger und billiger, aber brutal und macht den Kaffee bitter. Für welche Sorte ihr euch dann entscheidet, ist euch überlassen: Ein God Shot kann sowohl eher kräftig als auch eher fruchtig daherkommen. Was die richtige Bohne angeht, hilft nur Ausprobieren. Reagiert mit Vorsicht aufs Marketinggeklingel. Wenn 125 Gramm Kaffee 39,95 Euro kosten, weil jedes Tongefäß, in dem die Bohnen verschickt werden, handbemalt wird »und damit ein Unikat und echtes Kunstwerk« (so die Werbung) ist, dann steckt dahinter jede Menge PR, die ihr mitbezahlt. Auch die oft gehörte Meinung, Arabica-Sorten seien edler als Robusta-Sorten, ist schlicht falsch. Testet euch durch das Angebot, schaut ruhig auch mal in Internetforen vorbei, doch denkt immer dran: Was ein God Shot ist, definiert letztlich ihr.

Zweitens führt kein Weg an einer vernünftigen Kaffeemaschine vorbei, am besten eine Siebträgermaschine, die es ab etwa 600 Euro gibt. Der abnehmbare Siebträger wird mit Kaffeemehl gefüllt. Je teurer die Siebträgermaschine, desto mehr Dinge lassen sich einstellen – Druck, Menge des Pulvers, Brühtemperatur –, und das ist gut so. Denn ihr wollt euch dem God Shot ja experimentell annähern. Fragt beim Verkäufer nach einem Druckventil im Siebträger. Das ist wichtig, damit der Wasserdurchfluss erst freigegeben wird, wenn der richtige Druck aufgebaut ist.

Eine separate Kaffeemühle ist eine weitere wichtige Investition, denn nur frisch gemahlen schmeckt's vernünftig. Und dann viel Spaß beim Experimentieren! Der God Shot ist, wie erwähnt, ähnlich der perfekten Runde Golf unerreichbar. Aber ihr könnt ein erfülltes Leben damit verbringen, es immer und immer wieder zu versuchen.

Ein Wort noch zum Latte macchiato, jenem übel beleumundeten Getränk, das einer ganzen Bevölkerungsgruppe einen Namen gab (»Latte-macchiato-Mütter«). Italiener halten Latte macchiato mit seinem obszön hohen Milchanteil für barbarisch, mindestens jedoch für kindisch: Schon bei einem Cappuccino nach der Frühstückszeit sträuben sich Südländern ja die Haare. Nun solltet ihr euch zwar von niemandem vorschreiben lassen, was ihr wie und wann zu trinken habt, aber tatsächlich gilt Latte macchiato nicht als richtiger Kaffee. Dabei wurde er tatsächlich in Italien erfunden – aber nur, um die Kleinen behutsam an den Kaffeegeschmack heranzuführen. In zwanzig Jahren Italien habe ich tatsächlich noch keinen Erwachsenen gesehen, der ihn je für sich bestellt hätte. (Touristen zählen nicht.)

Jetzt die Königsfrage: Wie bekomme ich daheim einen so guten Kaffee hin wie in Italien? »Il caffè buono si beve al bar«, zitiert Experte Enrico Maltoni (den wir im übernächsten Kapitel kennenlernen werden) ein Sprichwort. Guten Kaffee bekommt man nur an der Bar – das ist auch metaphorisch gemeint: Um das Beste zu bekommen, musst du dir Mühe machen. Dich aus dem Sessel erheben und ein paar Schritte gehen. Denn eine Espressomaschine, an der sich alles Wichtige für den perfekten Kaffee einstellen lässt und die den richtigen Druck aufbaut, kostet um die 10 000 Euro. »Die Bar ist immer die vernünftigere Alternative«, erklärt Enrico. Doch selbst wenn es Menschen gibt, die sich zu Hause eine solche bartaugliche Maschine hinstellen, sollten sie wissen: Mindestens 50 Espresso pro Tag muss sie schaffen, damit sie ordentlich und verlässlich funktioniert. Einen Porsche jagt man ja auch nicht nur zwei Mal auf die maximale Umdrehungszahl und lässt ihn dann in der Garage stehen. (Apropos Auto: Auch wegen der servierten Menge sind die Kaffees an den italienischen »Autogrill«-Raststätten so unverschämt gut.) Man braucht also nicht nur sehr viel Geld, sondern auch einen sehr großen Freundeskreis, um die Maschine gut in Form zu halten. Dann ist da noch der Unterhalt: Der Stromverbrauch liegt bei 700 Euro im Jahr, vom Wasserverbrauch und den Wartungskosten mal abgesehen.

Nein, wirklich: Wenn ihr nicht täglich am God Shot experimentieren wollt, sucht euch eine gute Bar. Eine solche findet man längst auch in Deutschland, auch wenn ich mit großer Sorge die Rückkehr von Filterkaffee in hippen Szenetreffs verfolge.

Noch ein Hinweis: Ein Espresso ist bekömmlicher als normaler Kaffee. Die Bohnen werden länger geröstet, dadurch werden Gerb- und Bitterstoffe abgebaut. Ein Espresso hat auch weniger Koffein als eine Tasse Kaffee. Beim Filterkaffee tröpfelt das heiße Wasser langsam durch das Kaffeemehl, beim Espresso wird das Wasser mit viel Druck hindurchgepresst; dadurch ist die Kontaktzeit von Wasser und Kaffeemehl kürzer, es werden weniger Inhaltsstoffe gelöst. In Bezug auf sein Volumen hat der kleine Espresso zwar relativ viel Koffein, aber nur etwa halb so viel wie eine Tasse Kaffee. Schlafstörungen werden von ihm sicher nicht ausgelöst, sonst würden sich jeden Abend Millionen von Italienern unruhig in ihren Betten wälzen.

Exkurs: Warum die ersten Kaffeeköche »Maschinisten« hießen

Die Italiener haben Kaffee schon immer geliebt, doch was kaum einer weiß: Der Espresso ist eine blutjunge Erfindung. Denn einst trank man den Kaffee wie Tee – man übergoss die gemahlenen Bohnen einfach mit heißem Wasser. Manchmal filterte man das Pulver heraus und manchmal nicht. Und wie es mit unserem Bürokaffee so oft der Fall ist, wurde der Kaffee schnell schal, kalt, bitter. War es denn nicht möglich, so dachte man, einen Kaffee *all'espresso* zu machen, frisch und genau dann, wenn der Kunde ihn ordert?

Der erste Geniestreich gelang im Jahr 1901 einem Tüftler namens Luigi Bezzerra: Wasser wurde in einem großen Kessel bis zum Verdampfen erhitzt und durch ein Ventil nach draußen entlassen, wo es auf den gemahlenen Kaffee traf. Nicht schlecht, aber immer noch eine ziemlich bittere Angelegenheit, denn das Wasser war meist schon Wasserdampf, und der ist heißer als 100 Grad (wäre er kühler, wäre er ja noch heißes Wasser). Das Kaffeepulver verbrannte, das Getränk schmeckte entsprechend. Aber immerhin: Der Kaffee kam frisch dampfend zu den Kunden. Für die ersten Ungetüme brauchte man ein *patentino,* eine Bedienerlaubnis, und der Bedienende hieß nicht *barista,* sondern *macchinista,* Maschinist. Hin und wieder explodierte auch mal ein Kessel.

Erst 1948 hatte Achille Gaggia dann die Königsidee: Ein Kolben, den der Maschinist mit einem Hebel bediente, brachte ordentlich Druck auf das Wasser, um es durch das Kaffeepulver zu pressen. So musste das Wasser nicht mehr kochend heiß sein – und endlich entstand unter dem Druck von neun Bar die legendäre Crema, die leicht schaumige Espressokrone, die zunächst unter dem Verdacht stand, giftig zu sein – oder zumindest ein Gepansche des Barmanns. »Con crema naturale« mussten die Hersteller der Maschinen beschwören. Bald danach kamen die ersten elektrischen Pumpen auf, doch halten wir fest: Der Espresso, wie wir ihn heute kennen und lieben, ist jünger als Mick Jagger.

Auch die Gastronomieszene – ja, im Grunde ein ganzes Land – veränderte sich: Ursprünglich wurde der Kaffee am Tisch serviert, die Bar hatte die Funktion einer Ablage. Doch die Espressomaschine machte den Tresen selbst zum Mittelpunkt des ganzen Kaffeehauses und Italien zu dem Volk, wie wir es heute kennen: Menschen treffen sich an der Bar auf ein Schwätzchen, der Manager kommt mit dem Arbeiter ins Gespräch.

Unsere Heldinnen und Helden: Enrico Maltoni und seine Maschinen

Das Internet hat vieles ruiniert. Früher, da hat er monatelang in Archiven gestöbert, seine Kontakte in aller Welt angerufen und per Hand Briefe geschrieben. Ist um fünf Uhr morgens zu Trödelmärkten in der Umgebung gefahren oder mit dem Nachtzug nach Paris oder Neapel, weil es eine Haushaltsauflösung gab oder eine Bar ihr Inventar verkaufte. Oft waren die Ausflüge vergebens. »Es war eine echte Jagd«, erzählt der Mann aus der Provinz Rimini.

Damals war Enrico Maltoni der einzige Sammler historischer Espressomaschinen. Doch nun ist Konkurrenz hinzugekommen, die zu viel Geld und Zeit hat, die im Web sucht und jeden Preis zahlt. Aus Dubai, aus New York. »Das Internet hat mir ein bisschen den Spaß verdorben«, sagt der 47-Jährige mit der Cäsarfrisur. Seine Augen beginnen immer dann zu glänzen, wenn er von seiner Passion erzählen darf, und noch ist er ja zum Glück vorn: Seine Sammlung ist die größte der Welt und kann in einem Museum bei Mailand besichtigt werden. Es sieht nicht so aus, als könnte ihn so bald irgendjemand einholen.

Angefangen hat er mit 18 Jahren: Da entdeckte er auf einem Antiquitätenmarkt in Arezzo eine alte Espressomaschine, chromglänzend, faszinierend, voller Kolben, Schrauben und Ventile.

Ohne groß nachzudenken, kaufte er sie. Bis heute kann er nicht so recht erklären, was ihn damals gepackt hat, er zuckt die Schultern und schiebt ratlos auf diese sehr italienische Art die Unterlippe vor. Aber man versteht ihn: Wer vor diesen Maschinen steht, ist ebenfalls sofort gefangen von der fauchenden, glitzernden Eleganz, die aus ihren heißen Eingeweiden das perfekte Genussmittel hervorbringt.

Enricos Sammlung umfasst nach 30 Jahren Suche 200 Espressomaschinen, und rund hundert davon werden seit 2012 im MUMAC präsentiert, dem »Museo della macchina per caffè« im Süden von Mailand, gegründet mithilfe des Marktführers Cimbali, der neben dem Museum seinen Firmensitz hat. Die anderen sind noch bei ihm zu Hause, »in der Küche, im Wohnzimmer, unter der Treppe«. In Betrieb ist natürlich keine davon, obwohl Maltoni, wie man auch an seinem dezent gerundeten Körper sieht, durchaus der Spezies der Genießer zuzuordnen ist. Er kommt aus einer Winzerfamilie, doch inzwischen hat er sich als Kaffeeexperte einen Namen gemacht und diverse Bücher geschrieben. Zudem ist er fest beim MUMAC angestellt und reist als offizieller Espressobotschafter um die Welt.

Genau wie sich Autos verändern, waren auch Espressomaschinen den Moden der Zeit unterworfen; oft genug legten zudem berühmte Designer Hand an. Enrico Maltoni hat die erstaunlichsten Auswüchse zusammengetragen: mit Kohle betriebene Apparate. Im Fifties- und Sixties-Stil eines amerikanischen Kühlergrills. Im Siebziger-Stil mit Plastik oder bunter Keramik-Ummantelung. Und zahllose mehr.

Für einige der Maschinen zahlte er weit mehr als 20 000 Euro. Doch es gibt eine, die ihm fehlt. Seine Blaue Mauritius sozusagen. »Ich habe sie schon einmal gesehen. Ich durfte sie sogar berühren.« Seine Augen beginnen wieder zu glänzen. Doch der Besitzer will sie nicht verkaufen. Irgendwo auf der Welt muss es noch ein weiteres Exemplar geben, aber wo? Es ist die »La Cornuta« von La Pavoni, gebaut vom berühmten Architekten und Designer Gio Ponti im

Jahr 1948. Die Jagd hört sicherlich nie auf. Der Platz im Museum ist jedenfalls schon freigeräumt.

Das MUMAC, entworfen von den Architekten Valerio Cometti und Paolo Balzanelli, ist ein elegant geschwungener Prachtbau mit viel Licht und Platz und hat so gar nichts von einem vollgestellten, staubigen Ausstellungsraum für Antiquitäten. Die Kaffeemaschinen werden, geschickt nach Jahrzehnten geordnet, in verschiedenen Sälen präsentiert, die wiederum mit typischen Möbeln und Designstücken der Epoche ausgestattet sind. So begibt sich der Besucher auf eine echte Zeitreise, statt immer nur auf Espressomaschinen starren zu müssen.

Enrico Maltoni jedenfalls rührt seine Maschinen nicht an. Ein Briefmarkensammler benutzt ja seine Briefmarken auch nicht, um damit Briefe zu frankieren.

Zum Kaffee geht es dann mit Enrico an die Bar des Museums, wo eine nagelneue Supermaschine mit Touchscreen uns den Espresso serviert. Der Espresso ist gut. Die fehlende Seele macht Enrico mit seinen Geschichten wett.

Die »Blauen Zonen« der Hundertjährigen

Die hohe Lebenserwartung in Italien ist die eine interessante Tatsache. US-Forscher stellten sich noch eine andere, viel einfachere Frage: Wo leben die meisten Hundertjährigen?

Überraschung: Wiederum lautet die Antwort nicht »Skandinavien«, »Hollywood«, »Starnberg« oder »Dahlem«. In einer im *Journal of Experimental Gerontology* veröffentlichten Studie[12] identifizierten die Wissenschaftler Gianni Pes und Michel Poulain Sardinien als die Region mit dem weltweit höchsten Anteil an Menschen in der Bevölkerung, die hundert Jahre oder älter werden. Besonders die Provinzen Ogliastra, Barbagia von Ollolai und Barbagia von Seulo scheinen unglaublich gute Lebensbedingungen zu bieten. Allein in der Barbagia von Seulo leben zwanzig Hundertjährige – Weltrekord. Auch werden die Alten hier gesünder alt, es kommt fast nie zu Demenz und zu deutlich weniger Krebs- und Herzerkrankungen. Die Wissenschaftler nannten diese Orte der Langlebigkeit »Blaue Zonen«. Weitere solche Zonen, allerdings teilweise zahlenmäßig deutlich hinter Sardinien, liegen in Okinawa (Japan), Nicoya (Costa Rica), Ikaria (Griechenland) und Loma Linda (Kalifornien).

Die beiden Forscher sowie der *National Geographic*-Autor Dan Buettner* sammelten zudem Indizien, warum Menschen in den Blauen Zonen so gesegnet sind. Sie kamen auf folgende Faktoren:

1. Natürliche Bewegung: Die ältesten Menschen leben in einer Umgebung, die natürlicherweise zu Bewegung anregt. Ein sardisches Bergdorf im Hinterland ist wie ein Gym.

2. Keinen Stress, bitte: Stress wird mit vielen altersbedingten Erkrankungen in Verbindung gebracht. Die am längsten lebenden Menschen schaffen sich regelmäßig stresslösende Situationen.

3. Die 80-Prozent-Regel: Schlagt euch nicht den Bauch voll, sondern esst mäßig. »Hara hachi bu«, lautet das Mantra der Bewohner Okinawas, mit dem sie sich daran erinnern, bei einem Sättigungsgefühl von 80 Prozent mit dem Essen aufzuhören.

4. Gutes Essen: Besonders grünblättriges Gemüse wie Spinat, Grünkohl, Rübenblätter oder Mangold scheint die ideale Nahrung für ein langes Leben zu sein.**

5. Ein Glas Wein tut gut: Wer in Maßen und in Gesellschaft trinkt, lebt länger als ein Abstinenzler.

6. Zugehörigkeitsgefühl ist wichtig: Wer regelmäßig am Gottesdienst teilnimmt, stockt seine Lebenserwartung um

---

* The Blue Zones« – siehe Buchtipps im Anhang. Er hat sich den Ausdruck sogar schützen lassen!

** Muss ja nicht die Hauptmahlzeit sein.

bis zu vierzehn Jahre auf. Wäre das nicht mal eine Sache, mit der die katholische Kirche werben könnte?

7. *La famiglia:* Bei den Menschen, die am ältesten werden, nimmt die Familie erwiesenermaßen den höchsten Stellenwert ein. Sie umgeben sich mit ihren alternden Eltern und Großeltern, legen sich auf einen Lebenspartner fest und investieren in ihre Kinder.

8. *Gli amici:* Die am längsten lebenden Menschen entfalten sich in Gemeinschaften, die sich gegenseitig in einer gesunden Lebensweise bestärken.[13]

* * *

Außerdem machten die Forscher aus, dass in den Blauen Zonen ein »sinnhaftes Leben« gelebt wird. Mit unseren üblichen Maßstäben lässt sich diese Sinnhaftigkeit schwer messen, aber für die greise Sardin ist es schon eine feine Sache, jeden Sonntag ein paar Oliven aus ihrem Garten mit an den Familientisch zu bringen.

Und aktuell berichtet das staatliche italienische Institut ISTAT, dass sich die Zahl der über Hundertjährigen im Land von 2009 bis 2019 verdoppelt hat – wieder Weltrekord.

Ihr müsst ab morgen aber nicht zum Frühstück auf Kohlblättern herumkauen und anschließend in den nächstbesten Gottesdienst rennen (die genaue Konfession scheint laut den Forschern tatsächlich keine Rolle zu spielen). Dieses Buch soll ja keine Radikalkur anregen, sondern einfach nur Hinweise geben, wie das Italien-Prinzip euer Leben bereichern kann. Schaut einfach, welche Anregungen ihr umsetzen könnt und wie es euch danach geht.* Auf viele der oben genannten Punkte gehe ich im Verlauf des Buches ohnehin noch detaillierter ein.

---

* Ich bin mir ziemlich sicher: besser.

Unsere Heldinnen und Helden: Salvatore Aceto und das Geheimnis der Langlebigkeit

Salvatore klatscht sich auf die Schenkel, und es gibt einen Knall, der durch die Haine hallt. Die Amerikanerinnen zucken zusammen. »Wir Acetos haben dicke Beine, strong leeegs«, ruft er. »Seit vielen Generationen geht es rauf und runter!« Er zeigt auf den Pfad, der sich über dem Ort Amalfi bis auf 600 Meter über dem Meer in die Höhe windet. Salvatores Zitronen wachsen in terrassenförmig angelegten Gärten. Schon von unten sieht das nach elendiger Schufterei aus.

Salvatore Aceto: breite Schultern, ebenso breites Lächeln, 51 Jahre alt, aber zehn Jahre jünger wirkend. Sind es vielleicht die Zitronen? »Bei uns werden alle Frauen über neunzig oder gar hundert, alle Männer über fünfundachtzig und neunzig. Daheim gibt es keinen Medizinschrank«, erzählt er. »Alles, was wir brauchen, sind Zitronen.« Zum Beispiel gegen Kopfschmerzen: ein bisschen Abrieb von der Schale in einen heißen Espresso und basta. Bei Halsschmerzen wird mit verdünntem Zitronensaft gegurgelt, bei Erkältungen gibt es Tee mit Zitrone. Im Haus liegen aufgeschnittene Zitronen, in den Kinderzimmern besonders viele, denn sie töten Viren und Bakterien und desinfizieren die Luft. Zudem heilen Wunden mit Zitronen schneller, und Falten verschwinden auch, ebenso wie im Sommer Mücken und Wespen. Sagt Salvatore. »In unseren Adern fließt kein Blut, sondern Zitronensaft«, sagt er lachend.

Salvatore führt die internationale Besuchergruppe durch die Haine und über die groben, steinernen Treppen, die schon seine Ahnen benutzten, oft genug mit 60 Kilo schweren Erntekörben auf dem Rücken. Und dann zeigt er auf seinen Vater Luigi: 85 Jahre alt ist er, eines von 13 Geschwistern. Er steht auf einer windschief gezimmerten Leiter und kümmert sich um einen kranken Baum. Luigi kennt keinen Sonntag, keinen Urlaub, seine Haut sieht aus, wie Haut eben aussieht, wenn sie 85 Jahre lang in der Sonne verwittert. Auf den schmalen Treppen bewegt er sich gewandter als alle Besucher, die im Durchschnitt halb so alt sind wie er, darunter die hübsche Kanadierin, die, wie sie sagt, täglich eine Stunde auf dem Stepper steht. Seit er laufen kann, flitzt Luigi durch die Haine. Auch Salvatore ist zwischen den Zitronen aufgewachsen, doch sein Leben verlief mit Brüchen: Er studierte Betriebswirtschaft und machte sich als Steuerberater in Positano selbstständig. Dann rief ihn eines Tages der Vater an. Dem Betrieb gehe es nicht gut, die modernen Zeiten, die Massenware aus Spanien und Marokko … Kann man seinem Papa eine Bitte abschlagen? Also ist Salvatore seit 2012 zurück im Betrieb, kümmert sich ums Marketing, reist im Winter um die Welt, von Amerika bis nach Australien, um die Amalfizitronen anzupreisen, seine Amalfizitronen. Im Frühjahr hilft er bei der Ernte mit, im Sommer führt er Touristen durch die Haine, und wer will, kann auch einen Kochkurs buchen. (Salvatores Tipp: Nicht nur die Zitronen selbst, sondern auch die Blätter lassen sich in der Küche verwenden, etwa fürs Risotto. Man kann sie mit den Zwiebeln andünsten oder in einer Weißweinsoße pürieren.)

Was macht die Amalfizitronen so besonders, dass sie sogar einen IGP-Status haben, jene vom Staat geadelte Herkunftsbezeichnung Indicazione Geografica Protetta*? Erst einmal erkennt man sie an* *ihrer enormen Größe – sie sind gut doppelt so groß wie handelsübliche Zitronen – und ihrer zylindrischen Form. Im Geschmack fällt sofort ihre geringe Säure auf. Und: Der Platzmangel sorgt hier dafür, dass sich um jeden einzelnen Baum gekümmert wird, von Hand und mit viel Liebe. Ein kranker Baum wird gepflegt, wohingegen in anderen Gebieten einfach gerodet und an einem anderen Hain neu gepflanzt wird. Das ist an der Amalfiküste aus Platzgründen nicht möglich. Drei Sorten wachsen zwischen Positano und Vietri auf insgesamt 400 Hektar, darunter die »Zagara bianca« und die »Femminello«. Doch die Herrscherin der Hänge heißt »Sfusato amalfitano«. Sie ist noch ein wenig größer, schmeckt noch ein bisschen besser. Man muss viel tun, um sich gegen die Konkurrenz zu wehren, die beileibe nicht nur aus dem Ausland kommt. Auch auf Sizilien und in Kalabrien wachsen köstliche Zitronen. Diese werden auch schon mal als »Amalfizitronen« etikettiert, um Preis und Verkaufschancen zu erhöhen.*

Salvatore pflückt eine garantiert originale Amalfizitrone vom Baum und schneidet sie mit einem Messer, das er immer am Gürtel trägt, in mundgerechte Stücke. Alle schauen verblüfft. Denn er hat sie nicht geschält. »Die Schale ist gesund und vor allem süß. Sie gleicht die Säure des Fruchtfleischs aus.« Dringender Rat: »Probiert das nicht mit den gespritzten und gewachsten Zitronen aus dem Supermarkt.«

Anders als die Konkurrenz erntet man nur einmal im Jahr – im Frühjahr –, denn der Anbau ist auf Bedacht und Langsamkeit ausgelegt, und die Bäume werden extrem alt, weil man sie schonend behandelt. Alle Zitronen wachsen mit viel Sonneneinstrahlung direkt oberhalb des Meeres, was für einen ganz eigenen Geschmack sorgt.

Seit 1829 verkauft Familie Aceto die Amalfizitronen. Ihre Mitglieder waren die Ersten hier, die nicht nur für den Eigenbedarf herstellten. Ende des 19. Jahrhunderts gab es dann einen regelrechten Export-Boom, denn viele süditalienische Auswanderer in den

USA hatten Sehnsucht nach dem Geschmack ihrer Heimat. Unter Mussolini war es erst einmal vorbei mit dem Geschäft, denn dem Feind aus Übersee gönnte man die Frucht nicht. Erst allmählich erholte sich der Handel wieder. Inzwischen haben sich die Acetos mit ihrem Qualitätsanspruch einen Namen und eine Nische erarbeitet. Sie füllen eben nicht nur Limoncello für den Nachbarn ab, sondern fürs ganze Land. Die Acetos liefern den besten Gelaterien den unwiderstehlichen Zitronengeschmack als Konzentrat und verschicken Zitronenmarmelade in alle Welt. Alles ist klein und fein, »Bio« wird gelebt und nicht groß etikettiert: Auf ihren gerade drei Hektar wachsen etwa 1 300 Bäume, und Salvatore und Luigi kennen jeden einzelnen davon. Rund zwanzig Menschen helfen bei der Ernte, bei der Verarbeitung und im kleinen Shop mit, die meisten davon Familienmitglieder. Salvatores Bruder etwa gilt als Limoncello-Spezialist.

Zu dem geradezu holistischen Anspruch der Acetos passt noch folgender Diskurs: »Wir lieben alle Tiere in unseren Hainen. Vögel, Schlangen, Eidechsen. Nur nicht die Mäuse.« Mäuse nämlich machen sich über die Bäume her. Interessanterweise haben sie es nicht auf die wohlschmeckenden Zitronen selbst abgesehen, sondern klettern die Stämme hoch und knabbern die jüngeren Äste an. Warum, wissen wohl nur die Nager selbst. »Die Bäume bekommen offene Wunden«, erklärt Salvatore. »Und offene Wunden sind weder für den Menschen noch für den Baum gut.« Er ist ernsthaft sauer. Wäre man eine Maus, würde man ihm nicht im Mondschein begegnen wollen.

Am Ende der Führung gibt es ein paar Häppchen auf der Terrasse: köstliche Zitronenlimonade, einen Zitronenkuchen von Salvatores Frau und hausgemachten Limoncello. Papa Luigi kommt hinzu. Klar, die Arbeit schlaucht ihn inzwischen mehr, als ihm lieb ist, aber seine Augen strahlen. »Es ist wie alles im Leben: Wenn du es mit Liebe machst, tut es nicht weh«, sagt der kleine große Mann.

Italienische Schlager: Mehr als nur Musik

Dieses Buch braucht einen Soundtrack, findet ihr nicht? Denn wer an Italien denkt, fängt gern an zu summen. Kenner der alten Schule denken vielleicht an »O sole mio«, die Generation unserer Eltern hat »Felicità« von Al Bano & Romina Power im Ohr, wir schmettern »Laura non c'è«.

Italien betört alle Sinne. Den Geschmack haben wir bereits erschlossen, doch auch das Gehör wird verwöhnt. Auch wenn es immer darauf ankommt, wer gerade singt.

So lockte Caterina Valente:

Komm ein bisschen mit nach Italien
Komm ein bisschen mit ans blaue Meer
Und wir tun, als ob das Leben eine schöne Reise wär'
Komm ein bisschen mit nach Italien
Komm ein bisschen mit, weil sich das lohnt
Denn am Tag scheint dort die Sonne
und am Abend scheint der Mond.[14]

Lust auf einen Ohrwurm? Sucht euch einen aus! »Volare«, »Marina«, »Zwei kleine Italiener«, »Quando, quando, quando«, »Capri-Fischer«, »Azzurro«. Und euer Lieblingsinterpret?

Domenico Modugno, Milva, Alice, Adriano Celentano, Zucchero, Vico Torriani*, Al Bano & Romina Power, Caterina Valente, Vasco Rossi, Jovanotti, Eros Ramazzotti, Cesare Cremonini? Von den 1950er-Jahren bis heute begleitet uns italienische Musik und lässt automatisch Fernweh aufkommen. Und dieses italienische Lebensgefühl hat sich in viele weitere Bereiche ausgebreitet.

Die Deutschen beglückten sich und die Welt mit dem VW Käfer, die Italiener eroberten auf subtilere Weise die Herzen der Menschen – eben mit den oben erwähnten Ohrwürmern. Frank Sinatras Eltern waren Italiener – auf Italienisch hat er allerdings nie gesungen. Aber er gehört natürlich auch zur erweiterten *famiglia*.

Später kamen Zucchero (»Diamante«), Eros Ramazzotti (»Cose della vita«, auch im Duett mit Tina Turner) und Jovanotti (»Serenata Rap«) – alle drei sind immer noch in den hiesigen Hitparaden dabei. In der neuen Generation gibt es Anna Tatangelo mit ihrem Sangeskollegen und Partner Gigi D'Alessio oder die hochbegabte Elisa, die gemeinsam mit Ennio Morricone Quentin Tarantinos »Django Unchained« vertonte (und, ganz nebenbei, beim Titelstück »Ancora qui« neben dem berührenden Gesang auch alle Instrumente selbst einspielte – erstens weil die Zeit drängte und zweitens weil sie es konnte).

Die Italiensehnsucht: Sie funktioniert halt am besten gesungen. Man will ja selbst auch vor Freude juchzen, wenn man den Brenner überquert.

Schlager mussten sich in Italien nie dem Kitschverdacht aussetzen. Die Unterscheidungsdebatte zwischen E- und U-Musik ist hier nie geführt worden, und deswegen singen auch begabte Kehlen von der Liebe statt vom Klimawandel.

Italienische Musik bietet mehr als nur Noten. In ihr hört man auch das sommerliche Zirpen der Grillen, die knatternde

* Genau genommen ein Italoschweizer.

Vespa in der abendlichen Altstadt, das Brechen der Wellen am Ufer. Man schmeckt den salzigen Duft des Meeres, spürt den kühlen Weißwein auf der Zunge und sieht die vielen Mädchen in Sommerkleidern und barfuß am Strand, und die braun gebrannten Jungs sowieso.

Was übrigens ein echter Glücksbringer ist: Bei einem italienischen Schlager aufs Geratewohl laut mitsingen. Am besten noch unter der Dusche.*

Das macht jedenfalls mich glücklich. Meine italienische Frau weniger.

---

* Bereits der arabische Philosoph Ibn Kaldun versuchte sich um 1350 an einer Erklärung, warum man in der Badewanne zu singen anfängt. Er glaubte, es seien die heißen Dämpfe, die uns jubilieren lassen. Der eigentliche Grund ist aber ein anderer: Akustiker haben nachgewiesen, dass unsere Stimme für uns selbst im Badezimmer oder in der Duschkabine tief und volltönend klingt. Manche Musiker haben sich ihre Studios wie ein Badezimmer ausbauen lassen, um die »Badezimmer-Stimme« für Aufnahmen zu nutzen.

Italienische Mode – anziehend ausgehen

Es wäre ja ein Wunder, wenn ein Volk, das in Malerei, Bildhauerei und Architektur über zwei Jahrtausende die gesamte Menschheit geprägt hat (siehe auch »Italienische Genies«), nicht auch in der Mode ganz vorn wäre.

Und heute, wo es beinahe selbstverständlich ist, vergisst man oftmals den revolutionären Einfluss eines Giorgio Armani, der als Erster statt der steifen Business-Uniformen mit Schulterpolstern sanft fließende, luftig-elegante Anzüge geschneidert hat, oder die wilden Kreationen Gianni Versaces, der auch uns Normalsterblichen einen Hauch Exzentrik verlieh. Übrigens waren Giorgio Armani und Gianni Versace viele Jahre lang Gegenspieler, die die Modewelt mit ihren amüsanten Kleinkriegen unterhielten. So soll Versace einst zu seinem Widersacher halb im Spaß gesagt haben: »Du machst Kleidung für Hausfrauen, ich mache Kleidung für Schlampen.«

Die drei Cerruti-Brüder begannen 1881, aus feinen Stoffen Herrenanzüge zu schneidern. In den 1950er-Jahren gab es in Italien mehr Schneider als in Großbritannien und Frankreich zusammen, 1952 präsentierte Brioni die allererste Modeschau für Herren. Um alles aus Leder kümmerte sich seit 1906 Guccio Gucci in Florenz – bis heute eine Stadt der schönen Taschen und Schuhe. Salvatore Ferragamo, ebenfalls aus Florenz, hat mehr als zwanzigtausend Schuhmodelle entworfen. Die Modemesse Pitti Immagine Uomo, die sich ausschließlich um Herrenmode dreht, ist die größte ihrer Art und findet zweimal jährlich in der toskanischen Hauptstadt statt. Ermenegildo Zegna erfand die Wendejacke, und Elsa Schiaparelli, studierte Philosophin, präsentierte hübsche Pullover, brachte den Reißverschluss in die Haute Couture und erfand das Diana-Dekolleté, bei dem eine Schulter entblößt war – in den 1930er-Jahren außergewöhnlich gewagt. Es hieß, Schiaparelli habe den Surrealismus und Dadaismus in die Mode gebracht. Emilio Pucci, ein Modeschöpfer von ganz nobler Herkunft, entwarf so ziemlich alles, von Skimode bis zum Logo der Apollo-15-Mission. Außerdem war er der Erste, dessen Kreationen den Markennamen stolz außen und nicht versteckt innen trugen. Valentino – Markenzeichen: unifarben – kleidete Stars wie Jackie Kennedy, Audrey Hepburn, Prinzessin Diana und Sharon Stone ein, und Dolce & Gabbana kultivierten den süditalienischen Aufreißer-Look. Und dann sind da ja noch Cavalli-Jeans, die Kaschmirstoffe von Laura Biagiotti, Krizia, Fendi, Missoni, Prada und Gianfranco Ferré, um nur einige zu nennen.

Zurück zu Armani, dem 1980 der weltweite Durchbruch gelang, als er Richard Geres Garderobe für »American Gigolo« entwarf. Sophia Loren sagte über den großen Designer: »Wenn ich vor Publikum auftrete, bin ich sehr nervös, und Gott weiß, wie viele Selbstzweifel mich quälen. Aber wenn ich seine Sachen trage, sind alle Selbstzweifel wie weggeblasen.«

Armani selbst sagt über seine scheinbar mühelos-eleganten Entwürfe: »Das Einfache ist immer das Schwierigste.«

* * *

Sich gut anziehen tut gut, wie wir gleich sehen werden. Natürlich gibt es auch die Italiener im ausgebeulten Jogginganzug und mit abgekauter Kippe im Mundwinkel, die sich gern rund um Fußballplätze oder an Großbaustellen herumtreiben. Oder jene Italiener, die alberne Fußballerfrisuren nachahmen und, jedenfalls für meinen Geschmack, etwas zu experimentierfreudig mit ihrer Gesichtsbehaarung sind. Aber Pi mal Daumen sind Italiener einfach besser gekleidet als wir.

»Sie waren alle bettelarm und hungrig, aber ihre Hemden waren blitzsauber und perfekt gebügelt«, wunderte sich ein englischer Journalist, der in den Nachkriegsjahren durch Italien reiste, über die jungen Römer.

Und gute Kleidung – was nicht automatisch Maßanzug heißen muss – scheint nach neuesten Studien jede Menge angenehmer Nebeneffekte zu haben. Diese Nebeneffekte sind so bedeutend, dass wir auch hier den Italienern nacheifern sollten. Rund um dieses Thema hat sich sogar ein kleines psychologisches Forschungsfeld entwickelt, das den Begriff *enclothed cognition* geprägt hat, übersetzt »angezogene Wahrnehmung«[15]. Oder, wie Omi sagen würde: »Kleider machen Leute.« Die Erfahrung, eine ganz bestimmte Kleidung zu tragen, verändert uns selbst, unsere Launen, unsere Wahrnehmung und unsere sozialen Interaktionen.

Zunächst die naheliegende Erkenntnis: Studien belegen, dass formale Bürokleidung uns tatsächlich produktiver, selbstsicherer und dominanter macht. *Power dressing* nennen es die Amerikaner, und das gilt sowohl für den männlichen Anzugträger als auch für die Dame im Karriere-Ensemble. Interessanterweise hat aber auch der *Casual Friday* seine Daseinsberechtigung fürs Büroklima: In weniger formaler Kleidung sind wir eindeutig offener und entspannter, kommunikativer und freundlicher.

Jetzt aber zu ein paar weiteren erstaunlichen Fakten: Es scheint, dass allein schon das Tragen eines Trainingsanzugs (oder eures bevorzugten Fitness-Outfits) die Chance erhöht, dass ihr tatsächlich ins Fitnessstudio oder zum Joggen in den Park geht – und nicht nur das: Offenbar tendieren wir, wenn wir sportlich angezogen sind, auch zu gesünderen Entscheidungen etwa beim Einkaufen.

Uniformierte Kleidung sorgt ebenfalls für eine erhöhte Produktivität. Offenbar legen Uniformierte im Job eine höhere Aufmerksamkeit an den Tag und erfüllen ihre Arbeit pflichtbewusster. Chemiestudenten, die einen weißen Kittel tragen durften, machten in Experimenten deutlich weniger Fehler als die Kontrollgruppe in normaler Kleidung. Schuluniformen scheinen die Lernfähigkeit von Kindern ebenfalls zu erhöhen.

Selbst politische Überzeugungen geraten mit den richtigen Accessoires schnell ins Wanken. Im Jahr 2015 befragten Forscher der University of Minnesota Frauen nach ihren politischen Überzeugungen. Dann gab man der Hälfte von ihnen eine Prada-Handtasche, der anderen Hälfte eine No-Name-Bag. Bei einer erneuten Befragung überraschten die glücklichen Prada-Trägerinnen später mit deutlich stärker konservativen und pro-kapitalistischen Ansichten als zuvor. Die Forscher vermuten, dass wir uns unbewusst so verhalten, dass es unserem Kleidungsstil entspricht. »Don't dress for the job you have, dress for the job you want«, lautet ein Karriereratschlag, der nach dem aktuellen Forschungsstand valide ist.

Jetzt aber ein ganz praktischer Nutzen von *enclothed cognition.* Wenn der Tag grau ist und das Gemüt schwer, scheint helle, bunte Kleidung tatsächlich zu helfen. Sie verbessert unsere Stimmung und unsere Wachheit und vertreibt düstere Gedanken. Möglich, dass es nicht nur die Farben selbst sind, sondern auch die Assoziationen, die wir mit den bunten Mustern haben – etwa Erinnerungen an unbeschwerte Strandtage in der Kindheit. Umgekehrt können das typische trübe Alltagsgrau und Schwarz Stimmungskiller sein. Besonders bei älteren Menschen zeigt sich der große Unterschied zwischen Italien und dem Rest der Welt: Oma und Opa ziehen sich dort durchaus noch gern modisch und farbenfroh an, statt ins einheitliche Mausgrau abzurutschen. Und wenn es bei dem alten Mann morgens an der Bar nur der raffiniert geschwungene bunte Seidenschal ist.

Als Letztes noch die erstaunlichste Erkenntnis von allen: Selbst unsere Unterwäsche scheint zu unserer Stimmung beizutragen. Tendenziell fühlen wir uns mit edlen Unterhemden, Slips oder Socken sexy, stark und selbstbewusst.

Neben allerlei Leckereien in fester und flüssiger Form ist auch Kleidung ein Exportschlager Italiens, und viele Italiener kleiden sich ausgezeichnet. Forscher halten gerade für Modemuffel – eine Bezeichnung, die wohl auf die meisten von uns mehr oder weniger zutrifft – Imitation für eine gute erste Strategie auf dem Weg, irgendwann seinen eigenen Stil zu finden.

Mehr *Italianità* ins Leben, Aufgabe II: Macht euch schick!

Also: Warum sehen Italiener ein kleines bisschen besser aus als der Rest der Welt? Keine Sorge, ihr müsst nicht in den nächsten Gucci- oder Prada-Store rennen, eine Hypothek auf euer Haus aufnehmen und eure Kinder an Berbervölker auf der Durchreise verkaufen. Denn sich »gut anziehen« heißt nicht automatisch »schick« oder »teuer«.

Hier ein paar Tipps:

Zieht euch etwas wärmer an als notwendig.
Ein ganz wichtiger Trick. Während die Völker nördlich der Alpen sich bei den ersten Zeichen von zarten Sonnenstrahlen alle Kleider vom Leib reißen, hält sich der Italiener eher bedeckt. Das zeigt Contenance und hat Stil. Es gibt ein Foto von mir (Deutscher) und meiner Schwiegermutter (Italienerin) bei achtzehn Grad. Ich winke fröhlich im Shirt in die Kamera, sie lächelt dünn aus ihrem dicken Pelzmantel. Da war ich eindeutig noch in meiner Lernphase.

Schuhe, Schuhe, Schuhe.
Ihr könnt aussehen wie Neandertaler: Wenn die Schuhe geputzt und geschmackvoll sind, sind fast alle anderen Modesünden verziehen. »Aber auf Schuhe schaut doch keiner?« Denkt ihr!

Seid stilvoll auch in der Freizeit.
Der typische Tourist im Besichtigungs-Outfit: wasserabweisende Jacke, Jeans mit argen Alterserscheinungen, bequeme (ausgelatschte) Schuhe, Bauchbeutel für Wertsachen, Flasche Wasser in der Hand. In der US-Variante: Shorts und klobige, schneeweiße Turnschuhe. Wann ist es Mode geworden, sich so zu kleiden wie ein Elfjähriger? Überraschung: Man kann auch vernünftig gekleidet durch Venedig oder Florenz schlendern, etwa in einem Sakko oder gar mit guten Schuhen. Dass modische Schuhe immer unbequem zu sein haben, ist ein Gedankengang, der den Völkern nördlich der Alpen vorbehalten ist.

Legt euch eine Macke zu.
Macht euch unverwechselbar. Gianni Agnelli, der ehemalige Fiat-Chef und wahre Playboy*, trug seine Uhren stets über der Hemdmanschette. Fiat-Manager Sergio Marchionne dagegen trug nie Anzug und Krawatte. Das muss man sich nicht nur trauen – das muss man auch konsequent durchziehen können.

Nach den Schuhen kommt das Hemd.
Ein ordentlich gebügeltes, gut sitzendes und generell geschmackvolles Hemd ist fast so wichtig wie vernünftige Schuhe. Beides gemeinsam kaschiert praktisch alle eventuellen modischen Ausrutscher.

---

* Krasses Zitat von Agnelli: »Verlieben? Das ist was für Dienstmädchen.«

Es gibt kein »Ich geh mal schnell in den Supermarkt und zieh mir was über«.
Man verlässt das Haus, oder man verlässt das Haus nicht. Wer das Haus verlässt, der kleidet sich entsprechend.

Achtet auf die Feinheiten.
Ist die Hosenlänge richtig? Ragt das Hemd unter den Ärmeln des Pullovers hervor? Ist der Schal richtig gewickelt, oder ist das Erste, was der Betrachter sieht, das Etikett mit den Waschanweisungen?

Seid Beachboys und Beachgirls.
Niemand geht eleganter an den Strand als ein Italiener: weites Hemd mit aufgekrempelten Ärmeln, die *Gazzetta dello Sport* unterm Arm, die ganz allein schon in ihrem rosa Farbton wie ein exzentrisches Modeaccessoire wirkt, vernünftige Shorts, Mokassins. Der Nordmensch? Ausgewaschenes T-Shirt »Ibiza Bacardi Tour 1999«, kneifende Badehose, Adiletten, ein an ein Geschirrtuch erinnerndes Handtuch unterm Arm.

Im Zweifel: overdressed statt underdressed.
Ein gut sitzender Anzug ist in keiner gesellschaftlichen Situation ein Fehler. Ein Muskelshirt schon.
Und noch etwas: *La bella figura* ist mehr als Kleidung. Sie hat nichts mit der physischen »Figur« zu tun, sondern ist eine Lebenshaltung, die alle Bereiche des eleganten Auftretens umfasst.

Unsere Heldinnen und Helden: Maurizio Marinellas Knotenkunde

Kurz nach sechs Uhr rattert es, jeden Morgen, nur am Sonntag lässt sich Maurizio Marinella bis halb neun Zeit. Der Chef höchstselbst öffnet die schweren Rollläden, lässt die ersten Kunden ein und serviert ihnen beim Beratungsgespräch oder Maßnehmen einen Kaffee. Neapel, Riviera di Chiaia Nummer 287 lautet die Adresse für die weltbesten Krawatten. Genau genommen heißt das Geschäft »E. Marinella«, nach dem Gründer Don Eugenio Marinella. Der Großvater verlangte einst vom zehnjährigen Maurizio, jeden Tag ein paar Stunden in dem kleinen Laden zu verbringen, um das Schneiderhandwerk, wie er sagte, »einzuatmen«. Die Schule des Lebens hat geholfen: Gerhard Schröder, Bill Clinton, Nicolas Sarkozy, Albert von Monaco, Luca di Montezemolo und Daniel Craig beziehen ihre Krawatten von dort, und Donald Trump wollte Maurizio einst überreden, mit ihm nach New York zu kommen und an der Fifth Avenue einen mächtigen Superstore zu eröffnen. Doch Maurizio antwortete auf die Frage nach dem Preis für die Lizenz trocken: »100 Milliarden Euro«. Denn er bleibt lieber in seinem zwanzig Quadratmeter kleinen Reich nicht weit vom Hafen.

Was macht seine Krawatten so besonders? Feinste Seidenstoffe, zudem die sogenannte 7-Fold-Variante – die sieben Lagen verleihen der Krawatte Stabilität – und edelste Musterungen. Der Kaffee ist übrigens auch ausgezeichnet.

»Wie immer?« – »Wie immer.« Der Rhythmus des italienischen Lebens. (Oder: Vielleicht ist Aberglaube doch nicht so schlecht)

»Il solito?« – »Il solito.« Diesen Austausch zwischen Barista und Kunden hört ihr in Italien oft am Morgen. Jeder Italiener weiß genau, was er zum Frühstück trinkt, jeder Italiener geht stets in dieselbe Bar, wo ihm derselbe Barista die rhetorische Frage »wie immer?« stellt. Die Antwort lautet natürlich: »Wie immer.«

In Italien gibt es einige interessante Rituale – selbst dann, wenn wir alles Religiöse, was hier ja auch eine größere Rolle spielt als in vielen anderen christlichen Ländern, vorläufig außer Acht lassen.

Der morgendliche Kaffee, immer am selben Ort, ist ein Ritual, das man beinahe schon heilig nennen kann. Die immer gleiche Strandkabine am überfüllten Strand – teilweise, wie im Fall meiner Familie, schon seit drei Generationen (wir sind Nummer 64a) – ist ebenso eine Selbstverständlichkeit wie der Sonntag, der der Großfamilie gehört.

Aber Rituale zeigen sich auch in ganz kleinen Dingen, etwa im Aberglauben, der wohl in keiner Industrienation so verbreitet ist wie hier.

So ist Optimismus bei Sportereignissen eine Todsünde. »Gufare« (»unken, Unglück bringen«) nennt sich das, und die Comedyshow »Striscia la notizia« zeigt jeden Montag die schönsten Beispiele von Vorhersagen, die großartig danebengingen. Beispiel Fußballübertragung, Minute 15: »Juves Abwehr gefällt mir heute sehr gut, besonders Bonucci spielt mit viel Übersicht.« – Schnitt zu Minute 16: »Oh, was passiert hier? Bonucci wird getunnelt wie ein Anfänger, Tooooor!« Der Kommentator hat den armen Bonucci mit seinem Lob verhext. Daher darf man vor wichtigen Ereignissen auch nie »viel Glück« wünschen, denn das bringt Unglück – man sagt stattdessen »in bocca al lupo« (»ins Maul des Wolfes«), was etwa dem deutschen Wunsch »Hals- und Beinbruch« entspricht. Die korrekte Antwort lautet »crepi il lupo« (»möge der Wolf verrecken«).

In Italien ist Aberglaube integraler Bestandteil des Alltags. Umgekehrt bedeutet das: Wer sich stets richtig verhält und alles vermeidet, was Unglück bringt, wird reich beschenkt werden. Davon leben die Lottoannahmestellen und die Verkäufer der Rubbellose, die in Italien allerdings auch wirklich verführerische Dinge offerieren. Eines der beliebtesten Gewinnspiele ist das Rubbellos »turista per sempre« (»Tourist für immer«), wo es für den glücklichen Gewinner 300 000 Euro sofort gibt und 6 000 Euro pro Monat bis ans Lebensende. Und das bei zwei Euro Einsatz. (Lechz.)

Auch in der Küche spielt Aberglaube eine Rolle – mein Kumpel Antonio Vergaro, der in Grados »Santa Lucia« kocht, stellt stets als Erstes die Flammen für den Fischsud an. Giuseppe Sestito (»Re della Busa«, Riva del Garda) beginnt mit einem Espresso, Carmine Calò (»Salviatino«, Fiesole) bekreuzigt sich, und Roberto Benvegnù aus Padua (»Les Trois Verres«, Genf) nimmt aus Aberglauben die erste Order des Abends mit der rechten Hand entgegen, obwohl er Linkshänder ist. Und der kürzlich verstorbene Küchengott Gualtiero Marchesi empfahl mir einst, niemals das Kochwasser anzuschauen: »Dann kocht es nämlich nie!«

* * *

Hier kommen zwölf Tipps samt entsprechenden Ritualen, um Unglück zu verhindern und das Glück auf seine Seite zu ziehen.

1. Die italienische Unglückszahl ist die 17, nicht die 13. Die meisten italienischen Hotels haben keine Zimmernummer 17, in Hochhäusern gibt es keine 17. Etage, bei der Fluggesellschaft Alitalia keine 17. Sitzreihe. Der französische Autohersteller Renault benannte sein Modell »R17« für den italienischen Markt in »R177« um. Der Grund für den schlechten Ruf dieser Zahl liegt mehr als 2 000 Jahre zurück, denn schon die Römer fürchteten die 17. Das hatte mit ihrer Schreibweise »XVII« zu tun. Bei einer Umstellung ergibt sich »VIXI« – »ich habe gelebt«, also »ich bin tot«. Doch nicht nur dieses Anagramm ist für das negative Image der 17 verantwortlich: Es war ausgerechnet die 17. Legion, die im Teutoburger Wald vernichtend geschlagen wurde. Statt Freitag der 13. gilt in Italien Freitag der 17. oder auch Dienstag der 17. als Unglückstag. »Né di venere né di marte non si sposa né si parte«, heißt es im Sprichwort (eine Reise darf weder an einem Freitag noch an einem Dienstag beginnen oder enden, und auch geheiratet werden soll an beiden Tagen nicht). Manche Hochzeitsveranstalter bieten Rabatte von 50 bis 70 Prozent für diese Tage (oder für Samstag, den 17.) an. Meistens vergeblich. Freitag bringt Unglück, weil Jesus an einem Freitag gekreuzigt wurde, aber was hat der Dienstag verbrochen? *Martedì* ist im Italienischen (und auch in

anderen romanischen Sprachen) nach dem Kriegsgott Mars benannt – und was wäre das für ein Omen für die Ehe?

2. Salz dürft ihr niemals von Hand zu Hand reichen. Stellt das Salzfass auf dem Tisch ab, der andere muss selbst zugreifen. Mancherorts gilt das auch fürs Olivenöl. Salz verschüttet? Ein ernstes Problem. Aber alles wird gut, wenn ihr eine Prise der verstreuten Kostbarkeit über beide Schultern werft.

3. Aufgespannte Schirme in geschlossenen Räumen bringen den Tod. Es ist inzwischen auch für mich kaum zu ertragen, im Hausflur meiner Mietwohnung in München all diese zum Trocknen aufgespannten Regenschirme zu sehen. Ich vermute, das Haus wird in naher Zukunft von einem Kometen getroffen.

4. Schwarze Katzen bringen auch in Deutschland Unglück, aber meine Frau handhabt derartige Begegnungen, wie viele ihrer Landsleute, ganz radikal. Läuft vor ihr eine über die Straße, wartet sie, bis ein ahnungsloser Spaziergänger sie überholt und »den Schicksalsfaden zerreißt«. Auch mit dem Auto fährt sie eiskalt rechts ran und lässt dem Luxusauto aus dem Norden die Vorfahrt.

5. Niemals zu dritt ein Bett beziehen! Zum Bettenmachen sind zwei Leute genug. Wer es zu dritt macht, riskiert, dass einer der drei krank wird und ein zweiter stirbt. Nein, ich weiß auch nicht, wie dieser Aberglaube entstanden sein könnte.

6. Wer auf einer Treppe beim Hochgehen stolpert, wird bald heiraten. Wer beim Runtergehen stolpert, wird bald Geld verlieren.

7. Wenn zwei Personen gleichzeitig dasselbe sagen, müssen sie sich hintereinander an Nase, Ohr und wieder der Nase berühren, sonst werden sie nie die große Liebe finden.

8. Eine Gabel fällt zu Boden? Unangekündigter Besuch steht vor der Tür.

9. Ein Schaukelstuhl soll nicht sinnlos vor sich hin schaukeln, wenn man sich aus ihm erhoben hat. Sonst lädt man böse Geister zum Verweilen ein.

10. Der Pullover ist links herum angezogen, das Hemd falsch geknöpft? Gut so, das bringt nämlich Glück. Außer vielleicht beim wichtigen Geschäftstermin.

11. Drei Dinge, die niemals verschenkt oder angenommen werden dürfen: Schuhe, Einstecktücher, Messer. Schuhe laden den Liebsten oder die Liebste zum Fortlaufen ein, Einstecktücher trocknen Tränen, Messer zerschneiden Beziehungen.

12. Wie schon erwähnt, ist die Unglückszahl die 17, nicht die 13. Ausnahme: Niemals, wirklich niemals dürfen 13 Personen an einem Tisch sitzen. Das erinnert ans letzte Abendmahl, und wir wissen ja, wie das für Jesus ausging. Es passiert nicht selten, dass wir 13 Personen am Tisch sind. Meine Frau löst das Problem mit einer Marvel-Figur des fünfjährigen Sohnes unserer Freunde, welche am Kopfende platziert wird und selbstverständlich ein eigenes Gedeck bekommt.

13. Glücksbringer sind in Italien wie in Deutschland das vierblättrige Kleeblatt und das Hufeisen, darüber hinaus wirkt das Reiben von Metall gegen alles Böse; wer also beispielsweise auf der Treppe stolpert und den finanziellen Verlust verhindern will, sollte schnell seinen Autoschlüssel in die Hand nehmen.

14. Der berühmteste Glücksbringer ist der *Corno* oder *Cornetto*, ein rotes Horn, dessen Form an eine Chilischote erinnert. Fast jeder Italiener trägt irgendwo so ein Amulett bei sich, bevorzugt als Schlüsselanhänger. Der unklare Ursprung dieses Symbols liegt in der Steinzeit; manche vermuten, der *Corno* könnte wegen seiner vage phallischen Form etwas mit Fruchtbarkeit zu tun haben. Aber Anthropologen bringen ja immer den Phallus ins Spiel, wenn sie nicht so recht weiterwissen.

15. Was in unseren Augen rational betrachtet ziemlich lächerlich wirkt, ist auch im internationalen Spitzensport weit verbreitet. Michael Jordan trug unter seinen Team-Shorts (meistens Chicago Bulls) stets ein zweites Paar Shorts aus seiner College-Zeit in North Carolina. Golfer markieren ihre Bälle mit stets denselben Punkten und Farben, und Tiger Woods trägt am Finaltag eines Turniers ausschließlich ein rotes Shirt. »Ich habe keine Rituale – bis auf Sachen, die man immer wieder gleich macht«, behauptete Michael Ballack einmal. Les Miles, legendärer Football-Coach, reißt vor jedem Spiel ein Büschel Gras aus und stopft es sich in den Mund, um »Teil des Feldes und Teil des Spiels« zu sein. Rafael Nadal reiht seine Trinkflaschen immer in der gleichen Weise auf und tritt beim Seitenwechsel nie auf die weißen Linien. Gary Lineker schoss beim Aufwärmen nie aufs Tor, denn er wollte seine »Torschüsse nicht vergeuden«.

16. Und wenn es mal schiefgeht? Wenn eine schwarze Katze den Weg kreuzt oder Freitag der 17. droht? Dann hilft, wie erwähnt, *toccare ferro,* das Berühren von Eisen – ein schneller Griff in die Hosentasche reicht schon, um uns vor schwerem Unglück zu bewahren. Ist das nicht toll?

Mehr *Italianità* ins Leben, Aufgabe III: Schafft euch Rituale!

Was sagen Forscher zu all dem? Ihr ahnt es schon: Der italienische Weg – und auch jener der Leistungssportler – ist ein ziemlich guter und äußerst nützlich im Alltag. Denn kleine Rituale sind Helfer in allen Lebenslagen. Zwei Untersuchungen bestätigen auf eindrucksvolle Weise, wie nützlich Rituale sein können.[16] In einem Versuch bekamen Probanden einen Golfball und einen »Glücksball« in die Hand (so wurde es ihnen gesagt) und sollten damit auf ein Ziel werfen. Mit dem vermeintlichen »Glücksball« stellten sich die Probanden viel besser an. In einem zweiten Versuch mussten die Probanden einen Geschicklichkeitstest bestehen. Der Hälfte von ihnen sagten die Versuchsleiter: »Ich drücke dir die Daumen.«* Diese Hälfte schnitt ebenfalls messbar besser ab.

Die Forscher meinen, dass die Probanden sich mit den vermeintlichen Glücksbringern selbstsicherer fühlten und

* Im US-amerikanischen Originalversuch hieß es »fingers crossed«. Das Überkreuzen der Finger heißt in Italien »incrociare le dita«, während das deutsche »Daumendrücken« im angelsächsischen Sprachraum nicht gebräuchlich ist.

sich zudem mehr anstrengten, was zu besseren Ergebnissen führte. Sportpsychologen trichtern ihren Schützlingen schon seit einigen Jahren ein, sich Rituale anzugewöhnen, die ganz offensichtlich die Konzentration verbessern.

Längst ist klar, dass Rituale bei einem Todesfall helfen, den Schmerz zu mindern, obwohl diese Rituale oft völlig unterschiedlich, ja sogar widersprüchlich sind. Hindus scheren ihr Haar in der Trauerphase, während jüdische Männer ihren Bart wachsen lassen. Es kommt also nicht auf den Inhalt an, sondern auf das Ritual an sich. Auch bei einem banalen Lotterieversuch halfen Rituale dabei, Verluste zu verschmerzen. Dazu machten die Forscher Francesca Gino und Michael I. Norton ein interessantes Experiment.[17] Sie luden Probanden in ihre Räumlichkeiten ein und sagten ihnen, dass sie bei einer Ziehung 200 Dollar gewinnen könnten, vorher aber genau beschreiben müssten, was sie mit dem Geld anfangen wollten. Die glücklichen Gewinner der Lotterie durften das Labor umgehend verlassen, die Verlierer aber wurden in zwei Gruppen eingeteilt: Die Mitglieder der einen Gruppe sollten skizzieren, wie sie sich nach dem verpassten Geldsegen fühlten. Die zweite Gruppe sollte zunächst für zwei Minuten ihre Gefühle niederschreiben, dann etwas Salz auf das Papier streuen, das Papier zerreißen und fünfmal stumm bis zehn zählen.

Das Ergebnis, ihr ahnt es schon: Diejenigen, die rituell mit dem Lospech umgegangen waren, fühlten sich anschließend viel besser als jene, die ohne Ritual mit ihrem Schicksal haderten.

Eine brasilianische Studie beschäftigte sich mit Menschen, die *simpatias* anboten, formelhafte Rituale, die bei Problemen wie Rauchen, Asthma oder auch Pech in der Liebe helfen sollen. Die Empfänger von *simpatias* glauben daran, dass diese Rituale umso effektiver sind, je mehr Schritte dafür notwendig sind und je öfter die formelhaften Abläufe wiederholt werden.[18]

Das lässt nur einen rationalen Schluss zu: Wir müssen abergläubischer werden.

Mein Ritual ist eine perfekte Mischung aus wiederholter Handlung und purem Aberglauben: Seit zwei Jahren schreibe ich jeden Morgen als erste Handlung in mein Notizbuch fünfzehn Mal den Satz »Meine Bücher werden Bestseller«. Verrückt, ich weiß. Aber die Forscher meinen, ich sei damit auf der sicheren Seite. Und wir werden ja sehen, wie sich das Buch, das ihr gerade in den Händen haltet, entwickelt.

Doch damit nicht genug: Inzwischen habe ich ein leer stehendes Büro angemietet, das nur sehr schwaches Internet hat – gut so! – und in dem ich jeden Morgen von neun bis zwölf Uhr arbeite, auch am Wochenende. Zudem mache ich mir regelmäßig eine handschriftliche Liste von Dingen, die ich zu erledigen habe. Von 13 bis 14 Uhr ist mein erstes Lesefenster, von 14 bis 15 Uhr folgt eine Siesta, dann beginnt mein Spaziergang (mehr dazu in »Die Segnungen der Siesta« und in »Die heilsame Wirkung des Spazierengehens«), von 17 bis 18 Uhr wird geschrieben, von 19 bis 20 Uhr ist das Familienabendbrotzubereitungsfenster*, danach wird noch eine Stunde gelesen und eine Stunde geschrieben, aber nicht sehr konzentriert, weil meistens eine TV-Serie läuft.

Immerhin habe ich mir meine Rituale geschaffen, und nur so ist auch mein relativ produktives Dasein trotz aller Verlockungen des Dolce Vita zu erklären.

Wobei ich gerade etwas Interessantes über Georges Simenon gelesen habe. Der belgische Schriftsteller und Erfinder von Kommissar Maigret schrieb unfassbare 70 Seiten pro Tag und

* Jede Wette: Ein längeres Wort bekomme ich in diesem Buch nicht mehr unter.

brachte es in seinem Leben auf 195 Romane und ebenso viele Kurzgeschichten. Da wird man doch ganz kleinmütig.

Auch Raymond Chandler schuf sich ein rigoroses Schreibfenster von exakt vier Stunden. Der Trick: Wenn er nichts schrieb (auch ausgesprochene Vielschreiber sitzen manchmal ratlos vor einem Blatt Papier), durfte er nichts anderes machen. Johann Wolfgang von Goethe hatte einen ähnlich rigorosen Tagesablauf. Er stand um fünf Uhr auf, richtete sich her und trank Kaffee, schrieb ab sechs, frühstückte um zehn und schrieb dann weiter bis zwölf Uhr. Dann begann der gesellige Teil des Tages: Er traf sich mit Gästen und Freunden, spielte mit Frau und Kind und arbeitete im Garten, wenn das Wetter es zuließ. Um 21 Uhr ging er ins Bett und las dort bis Mitternacht.

Doch wie es sich für dieses Buch gehört, übertrifft ein Italiener sie alle. Gegen Vittorio Alfieris Methode sind nämlich Chandlers Zeitfenster und Goethes Präzision ein Witz: Der italienische Dramatiker und Vordenker der Aufklärung,* geboren 1749 in Asti, gestorben 1803 in Florenz, ließ sich, um ein Werk endlich fertigzustellen, von Bediensteten an seinem Stuhl festbinden.

* Mein Lieblingszitat von ihm: »Die ersten Gedanken sind selten die besten.«

RICAPITOLIAMO – Zusammenfassung des ersten Teils

Das Italien-Prinzip bedeutet:

- Lernt zu kochen (und summt dabei euren italienischen Lieblingsschlager). Ihr werdet euch rundum besser fühlen und mit ziemlicher Sicherheit gesünder leben.
- Seid gut zu euch selbst und verwöhnt euch mit guter, bequemer und schicker Kleidung. Kein Tag, der in eurem Lieblingshemd beginnt, wird ein schlechter Tag.
- »Il buongiorno si vede dal mattino« (»Der gute Tag beginnt am Morgen«): Genießt den ersten Kaffee, und alles andere wird sich fügen.
- Erschafft euch kleine, alltägliche Rituale. Wenn es Italienern (und Spitzensportlern) hilft, wird es euch auch guttun!

II. FAMILIE UND FREIZEIT

»Wenn du in einer italienischen Familie aufwächst, bist du einen rauen Umgangston gewohnt – der zehn Minuten später von allen vergessen ist.«
Elizabeth Anania Edwards[19]

»Meine ganze Kindheit in einer italienischen Familie fand rund um den Esstisch statt. Dort lernte ich, was Liebe bedeutet.«
Leo Buscaglia[20]

»Eine gute Mutter ist so viel wert wie 100 Lehrer.«
Sprichwort

Familienfrieden mit Pasta

Mit der Nudel bekommen wir den idealen Sprung von Kapitel zu Kapitel hin. Denn eine Nudel ist mehr als nur ein Nahrungsmittel: Eine *spaghettata* ist der soziale Kitt, der Italien zusammenhält – eine Riesenportion Nudeln, von der gesamten Familie oder im Freundeskreis geteilt. Es gibt jede Menge Studien darüber, wie gemeinsames Schlemmen das psychische Wohlbefinden fördert, aber das ist auch ohne wissenschaftliche Untersuchungen offensichtlich und in Italien täglich zu beobachten. In Deutschland jedoch geht es genau in die andere Richtung, wie die Allensbach-Studie »So is(s)t Deutschland 2019« zeigte: Nur 39 Prozent aller Befragten frühstücken noch gemeinsam, 50 Prozent essen regelmäßig in der Familie, ein deutlicher Rückgang seit der letzten Studie von 2009. »Dadurch lösen sich feste Gewohnheiten auf, und die Ansprüche an die eigene Ernährung wie der Ernährungsalltag unterscheiden sich immer mehr«, sagte Allensbach-Geschäftsführerin Renate Köcher bei der Vorstellung der Studie.[21]

In den USA ergab dagegen eine Studie des National Center on Addiction and Substance Abuse, dass 59 Prozent aller Familien mindestens fünfmal pro Woche gemeinsam essen – ein erfreulicher Anstieg, denn 1998 waren es nur 47 Prozent.[22]

Ihr wollt glücklich sein? Dann ladet eure Freunde zu einer *spaghettata* ein. Macht euch nicht allzu viel Stress mit dem Rezept: je einfacher, desto besser. Kocht für alle – aber bleibt simpel. Oliven, Käse, Schinken, Salami, Brot und Öl oder Sardellen als Antipasti auf den Tisch stellen, vielleicht noch ein paar Karottenstifte oder Fenchel. Gekühlter Weißwein, entkorkter Rotwein und eine *spaghettata* etwa *al ragù* oder *al pesto.* Finger weg von den dreiseitigen Rezepten in Gourmetzeitschriften! Und zum Schluss noch ein Eis, das ohnehin einer eurer Freunde mitgebracht hat, zumindest in Italien macht man das so. (Ansonsten könnt ihr ja einen eurer Freunde daran erinnern.) Das bekommt man für bis zu zwanzig Personen locker hin, ohne dass man sich in der Küche drei Stunden lang stresst.

La spaghettata: Allein dass es in Italien ein Wort dafür gibt, mit vielen Freunden an einem Tisch zu sitzen und große Mengen Spaghetti zu vertilgen, macht dieses Land doch außergewöhnlich liebenswert, findet ihr nicht?

Schickt die Einladungen noch heute via WhatsApp raus. Das ist garantiert ein besserer Ratschlag, als zehn Mal den Satz »Heute wird ein schöner Tag« in ein Glückstagebuch zu schreiben.

Das Prinzip der *spaghettata* funktioniert natürlich auch in einer Pizzeria oder in einem Restaurant. Und damit mir niemand vorwirft, ich würde ein allzu sonniges Bild von Italien zeichnen: Hier kommt der Beweis, dass auch in Italien hinter den Kulissen ein paar Merkwürdigkeiten vorgehen. Ihr kennt das vielleicht auch: Warum bestellen wir in der Bar oder im Restaurant oft nicht das, was wir wirklich wollen? Die Umfrage eines großen italienischen Kaffeeherstellers ging 2016 dieser interessanten Frage nach.[23] Das Ergebnis: weil wir uns beobachtet und beurteilt fühlen – und das oft nicht ohne Grund. 52 Prozent der befragten Italiener gaben an, andere danach zu beurteilen, was sie bestellen. 55 Prozent rümpfen zum Beispiel die Nase, wenn ihr Gegenüber viel Zucker in den Kaffee schüttet oder ihn mit Sahne verfeinern will (speziell in Italien ist Sahne im Kaffee eine kulinarische Todsünde). In derselben Studie gaben 80 Prozent aller Befragten an, sich beim Bestellen in einer größeren Runde unter Druck zu fühlen und sich danach zu richten, was die anderen am Tisch ordern.

Sozialer Druck: Es gibt ihn tatsächlich auch in Italien. In Deutschland achten wir darauf, welches Auto der Nachbar fährt und wie sorgsam er seinen Garten pflegt. In Italien ist es die Wahl des Essens. Aber ganz ehrlich: So richtig dramatisch habe ich es in den zwanzig Jahren meines Lebens hier noch nie erlebt. Wer weiß, vielleicht machen sie sich heimlich über mich lustig. Aber ich lasse mir den Spaß großer gemeinsamer Mahlzeiten garantiert nicht verderben.

Und zum Schluss ein hübscher Spruch: Wenn Italiener sich gut verstehen, sagen sie: »Siamo della stessa pasta« – »Wir sind aus demselben Teig«. Und nicht aus »Holz« wie wir harten Deutschen.*

* Möglich, dass unser Holz-Spruch aus der nordischen Mythologie stammt: Die ersten Menschen, Ask und Embla, sollen von den Göttern aus Esche und Ulme geformt worden sein.

Die einende Wirkung des Familienessens

Die Vorteile gemeinsamer Familienessen sind wissenschaftlich gut dokumentiert, vor allem auf die Kleinsten haben sie großartige Auswirkungen. Das erklärt vielleicht, warum sich italienische Familien so gut verstehen und warum der verwandtschaftliche Zusammenhalt so viel größer ist als in anderen Ländern. So haben Forscher nachgewiesen, dass im Familienkreis kleinere Kinder tendenziell gesündere Speisen essen und seltener übergewichtig sind. Auch bei älteren Kindern und Teenagern lässt sich dieser Effekt – wenn auch in einem geringeren Maße – nachweisen, wie eine Harvard-Studie zeigte.[24] Die gesundheitlichen Vorteile resultieren aus den regelmäßigen Essenszeiten und gesünderen Mahlzeiten vom eigenen Herd. Oft helfen die Kids auch bei der Vorbereitung und beim Servieren. Dadurch bekommen sie ein besseres Verhältnis zum Essen und genießen fast immer eine abwechslungsreichere Kost. Auch bei Zwischendurch-Snacks greifen sie nicht nur zum Schokoriegel, sondern durchaus mal zur Karotte. »Familienessen erlauben einerseits Gespräche über die Ernährung, andererseits bieten sie gesündere Lebensmittel«, erklärt Studienleiter Matthew W. Gillman.[25] Und nicht nur das: Auch die Portionen sind kleiner als beim Burger-Laden um die Ecke. Ein typisches US-amerikanisches Restaurant-Essen hat bis zu 60 Prozent mehr Kalorien als ein Gericht daheim. In Italien oder Deutschland dürfte es ähnlich sein.

Auch werden die Kinder klüger. Wenn Eltern und Kinder gemeinsam essen, steigt der Wortschatz der Kinder rapide an. Kinder, die regelmäßig mit ihren Eltern am Tisch sitzen, kennen sechsmal mehr unübliche Wörter, die normalerweise im typischen Vokabular ihres Alters nicht vorkommen. (Ob auch Schimpfwörter dabei sind, verraten die Forscher leider nicht.) Kinder aus Familien, die fünfmal oder mehr pro Woche gemeinsam essen, schneiden besser in der Schule ab – vermutlich, weil Mahlzeiten eine ideale Gelegenheit sind, über Schulprojekte zu sprechen und generell am Fortschritt der Kinder teilzuhaben, Schwächen zu identifizieren und Probleme anzusprechen. Nur neun Prozent aller Kinder, die regelmäßig mit ihren Eltern essen, haben ernste Leistungsprobleme in der Schule, jedoch 20 Prozent der Kinder, die dieses Privileg nicht haben.

Kinder können sich im Kreis der Familie auch sicherer fühlen. *Bullying* ist möglicherweise kein ganz so ernstes Thema, wie uns besorgte Ratgeberbücher einzutrichtern versuchen. Nach einer Studie der University of Virginia von 2017 scheint Bullying oder Mobbing – auch Online-Mobbing! – an den Schulen sogar abzunehmen, zumindest in den Vereinigten Staaten. Die Forscher beobachteten einen deutlichen Rückgang seit dem Jahr 2005. Die Wissenschaftlerin Catherine Bradshaw bemerkt dazu, dass über Mobbing in den letzten zehn Jahren sehr viel berichtet wurde; als Ergebnis glaubten die Menschen, es sei ein akuteres Problem, als es das tatsächlich ist. Dennoch helfen gemeinsame Mahlzeiten unter Umständen, mögliche Mobbing-Fälle zu erkennen und Gegenmaßnahmen zu ergreifen.[26]

Generell sind Kinder, die gemeinsame Mahlzeiten in der Familie erleben, glücklicher, wie in einer Studie mit 5 000 Teenagern gezeigt wurde.[27] Kinder, die mit ihren Eltern essen, sind emotional stabiler und selbstbewusster. Sie sind anpassungsfähiger, wohlerzogener und haben bessere Kommunikationsfähigkeiten. Sie sind seltener depressiv oder angstgestört und weniger suizidgefährdet. Auch berufstätige Mütter empfinden laut einer Studie der Brigham Young University ihre Arbeit als weniger belastend, wenn sie diese zeitlich so gestalten können, dass genug Zeit für das gemeinsame Abendessen in der Familie bleibt.[28]

Es gibt auch einen »Ausnüchterungseffekt«, wie die Forscher es scherzhaft nennen: Bei Familien mit fünf oder mehr gemeinsamen Mahlzeiten pro Woche sind Kinder weniger anfällig für Alkoholmissbrauch, Tabak und härtere Drogen. Sie haben auch weniger trinkende oder drogenabhängige Freunde. Reguläre gemeinsame Mahlzeiten scheinen zudem einen Langzeiteffekt zu haben, denn auch wenn der Teenager auszieht, ist er weniger suchtgefährdet.

Natürlich sind die bewundernswerten Auswirkungen gemeinsamer Mahlzeiten in einem größeren Kontext zu sehen: Die betreffenden Familien haben einen strukturierteren Alltag, die Eltern kümmern sich um ihre Kinder und können oft auch besser bezahlte Bürojobs genießen, statt körperlich anstrengende Schichtdienste oder gar aufreibende Zweitjobs bewältigen zu müssen. Die Familienmahlzeiten und deren positive Nebeneffekte sind lediglich die logische Konsequenz des robusteren Umfeldes. Dennoch glauben die Forscher, dass die gemeinsamen Mahlzeiten ein ganz wichtiger Baustein guter Familienbeziehungen sind.

Beim gemeinsamen Genießen geht man ehrlicher und offener miteinander um – die Eltern wissen besser, was in ihren Kindern vorgeht. Bei einer Befragung erklärten Kinder, die regelmäßig mit ihren Eltern essen, dass sie sich bei Problemen oder Suche nach Rat häufig an ihre Eltern wenden. Bei Familien ohne gemeinsame Mahlzeiten gaben die Kinder viel häufiger an, sich von ihren Eltern isoliert zu fühlen.

Glückliche Kinder = glückliche Eltern. Das ist die Formel fürs Italien-Prinzip!

Mehr *Italianità* ins Leben, Aufgabe IV: Schafft euch ein Familienritual!

Streit, Tränen, Zeugnisse? Die Laune ist im Keller, und bei der nächsten Kleinigkeit geratet ihr auch noch mit dem Partner aneinander? Befriedet die Familie. Dazu eignen sich Rituale, wie wir gelernt haben. Dinge, die alle gleich gut finden. Selbst wenn ihr Teenager daheim habt, wird es da mit Sicherheit etwas geben, was allen gefällt.

Kindererziehung auf italienische Art lautet etwa so: Es gibt nichts, was sich nicht bei einem gemeinsamen Essen aus der Welt schaffen lässt.

Unser Familienritual unterscheidet sich allerdings deutlich von den meisten Ritualen unserer italienischen Freunde, denn wir veranstalten jeden Sonntag eine Frühstücksorgie. Frühstück wird in Italien verschmäht, es geht zum *caffè* an die Bar, und die Kinder kriegen vor der Schule ein verpacktes Croissant. Dass Frühstück die gesündeste Mahlzeit des Tages sei, wird ja oft behauptet, aber belegen lässt sich das nicht. Und weil Italiener, wie bereits erwähnt, insgesamt eine höhere Lebenserwartung haben als Deutsche, kann das nur bedeuten, dass wir uns von ihnen mehr abschauen sollten als sie sich von uns.

Jedenfalls: So wie wir uns in Deutschland manchmal nichts sehnlicher wünschen als einen dampfenden Teller hausgemachter Nudeln, wie wir sie in Italien so oft gegessen haben, so ist für Italiener ein üppiges *colazione* etwas absolut Exotisches. Viele kennen ein deftiges Frühstück allenfalls von ihrem Winterurlaub in Südtirol und Österreich.

Inzwischen finden sich auch periphere Teile der Familie am Sonntagmorgen bei uns ein. Meine Erkenntnis: Große Tafeln verkleinern alle Probleme.

Und so sitzen wir zusammen bei Kaffee und Kakao, frisch gepresstem Orangensaft, Toast und Nutella, Schinken und Ei, Joghurt und Müsli. Kein Schnickschnack, für deutsche Verhältnisse absoluter Standard. Und doch im Süden etwas ganz Spezielles. Wie wäre es umgekehrt bei euch mit einem Spaghettitag für die ganze Familie? Eine Kollegin von mir, inzwischen renommierte Feinschmeckerin, hat früher mit ihren Eltern einen »Schlangenfraßtag« eingelegt, in dem es wirklich nur wohlschmeckenden Unsinn gab, etwa Nudeln mit klein geschnittenen Würstchen drüber. Noch heute redet sie davon, und sie kann es kaum abwarten, einen solchen Tag – der gemeinhin der Resteverwertung gilt – mit ihren Kindern zu zelebrieren, sobald sie ins problematische Alter kommen. (In vielen Hotels gibt es den Schlangenfraßtag schon. Er heißt »Brunch«.)

Wie immer bei Ritualen kommt es nicht so sehr auf den Inhalt an, sondern auf den Dekor. Selbstverständlich bekommt jeder seine Lieblingskaffeetasse, die Servietten sind immer gleich bunt, und auf dem Frühstückstisch liegen ausschließlich die guten, scharfen Ikea-Messer mit Plastikgriff, nicht das alberne, stumpfe Silberzeug, das wir zu unserer Hochzeit bekommen haben und das rigoros bei jedem Abendessen mit Freunden auf den Tisch kommt, obwohl es nicht einmal heiße Butter schneiden kann.

Noch ein Tipp: Rituale sollte man nicht ausleiern lassen. Man kann sie nicht immer erzwingen und sollte ihnen trotz ihrer Regelmäßigkeit den Charakter des Besonderen nicht nehmen, damit sie sich nicht abnutzen. Aber jeden Sonntag oder zumindest jeden zweiten Sonntag ist völlig in Ordnung.

La famiglia: Eigenblut-Networking

Die Familie ist der Nukleus der italienischen Gesellschaft. Mit großer Selbstverständlichkeit trifft sich die Familie jeden Sonntag zum gemeinsamen Essen, ob daheim oder in einer rustikalen Trattoria. Das ist übrigens auch der Grund, warum viele Restaurants in Italien am Sonntagabend geschlossen haben – sie hatten ja bis 17 Uhr die riesigen Tische mit vier Generationen zu bedienen und brauchen einfach eine Pause.

Und dieses sonntägliche Treffen gilt nur für jene Familien, die weit auseinander wohnen. Ansonsten trifft man sich viel öfter, denn italienische Familien sind seltener über das ganze Land verstreut, was zahlreiche sozioökonomische Gründe hat, unter anderem einen praktisch nicht existenten Mietmarkt. Wer auszieht, zieht in seine eigene Wohnung, und bis man das Geld dafür zusammen hat, dauert es. Die Eigentumsquote in Italien liegt bei 80 Prozent – das ist ein Spitzenwert in Europa.

Etwa 30 Prozent aller 30-jährigen Italiener wohnen noch bei ihren Eltern. Über den *mammone* (das Muttersöhnchen) machen sich auch italienische Intellektuelle gern lustig und beklagen damit, wie rückständig man doch eigentlich sei – im Vergleich zu den USA, Großbritannien oder Deutschland, wo die Kinder mit 18 das Haus verlassen und allenfalls zu Weihnachten für ein paar Tage wiederkommen.

Als Vater zweier junger Töchter träume ich dennoch vom italienischen Modell, und ich bin mir sicher, dass dies die gesündere Alternative ist.

Und im Übrigen ist Italien das Land der Kleinunternehmer, wo die Familien oft zusammen im Betrieb arbeiten. Um nur ein Beispiel zu nennen: Für eine Winzerfamilie ist es sinnvoll, auf demselben Gut zu leben.

Die integrative Kraft der Familie ist natürlich auch der Schwäche der sozialen Systeme geschuldet. Der Journalist und Schriftsteller Luigi Barzini erklärte einmal, dass das glückliche Leben in der Familie den Italienern hilft, mit dem katastrophalen Zustand des Staates zurechtzukommen. Und John Cole und Eric Wolf schreiben in »The Hidden Frontier«[29], dass im deutschen Kulturraum mehr Vertrauen in die öffentlichen Institutionen herrscht als in Verwandte und Bekannte – in Italien sei es genau umgekehrt. Krippenplätze, Tagesmütter oder Teilzeitjobs sind selten, im Zweifelsfall müssen die Großeltern mithelfen. Der oft mangelhafte Ausbau des öffentlichen Nahverkehrs macht innerfamiliäre Taxidienste unvermeidlich, und Altersheime sind ebenfalls eine Seltenheit: Uroma lebt, so lange es eben noch geht, in der *famiglia* – und bekommt auch kleinere Aufgaben, vom Möhrenschnippeln bis zum Kneten des Pastateigs. Oder sie muss das Tomatensugo umrühren, das am Familiensonntag oft schon frühmorgens auf dem Herd blubbert.

Hier dreht sich wirklich alles um die Familie, die übrigens fast überall von den Frauen geführt und zusammengehalten wird. Rund um die Familie gibt es enge Freundschaften, die sorgfältig gepflegt werden. Denn es ist das Beziehungsnetz, das Italien am Laufen hält. Nicht nur mit guten Noten, sondern auch mit *raccomandazioni* (frei übersetzt: Empfehlungen) bekommt man eine Stelle. Und genau dieses Beziehungsnetz ist möglicherweise das, was das Leben in Italien so liebenswert macht. Man ist hier nämlich, anders als in vielen anderen Ländern, tendenziell bestrebt, dem anderen etwas Gutes zu tun.

Kindererziehung ist in einer Großfamilie ein Kinderspiel. »Es braucht ein Dorf, um ein Kind zu erziehen«, sagt ein afrikanisches Sprichwort. Unsinn: Eine Familie reicht. Und selbstverständlich schlafen die Kleinkinder viel länger in den Betten der Eltern, als die herzlosen Ratgeberbücher der 1960er- und 1970er-Jahre es rieten – und inzwischen weiß man, dass diese Dussel von Autoren damals falsch lagen. Folgerichtig heißt dieses wundervolle Kuschelritual auch »italienische Verhütung«, denn für *mamma* und *papà* bleibt da wenig Platz für eheliche Aktivitäten.

Ein weiteres Geheimnis italienischen Familienglücks lautet: Hier haben die Kinder praktisch gar keine Zeit, pubertäre Macken zu entwickeln. Bevor sie rumzicken, stehen schon die *polpette* der *nonna* auf dem Tisch, das Baby der Cousine muss getröstet und der Hund gestreichelt werden. Dann beginnt das Fußballspiel im Fernsehen, und die *nonna* trägt den selbst gemachten Schokoladenkuchen auf, mit dem heißen Kern, der sich beim ersten Gabelstich über den Teller verteilt. Wer will da noch über die Pubertät nachdenken?

Italiener machen sich keinen Kopf über die Pubertät, und sie müssen es auch gar nicht. Als Beleg dafür mag der Sachbuchmarkt gelten. In den letzten zwanzig Jahren ist nur ein einziges Buch italienischer Autoren erschienen, das sich mit der Pubertät beschäftigt (und ein weiteres Buch – eine medizinische Abhandlung – wurde aus dem Deutschen übersetzt). In Deutschland sind wie viele Bücher im selben Zeitraum erschienen? 24!*

* Darunter auch eines von mir. Es heißt »Chaoten-Challenge«, und für den Titel kann ich nichts.

Sogar das Wort *pubertà* selbst ist so selten, dass es als merkwürdiges Fremdwort gilt. Und *pube,* falls ihr das mal wissen müsst, heißt »Schamhaar«.

Hilft eine Großfamilie gegen Krankheiten?

Eine verblüffende neue Studie der Uni Zürich und der Adelaide Medical School, die 2018 veröffentlicht wurde, bestätigt: Je mehr Kinder Eltern haben und je intensiver das Familienleben gelebt wird, desto weniger wahrscheinlich sind einige Tumorarten und andere schwere Erkrankungen. Dazu wurden Patienten und ihr familiäres und soziales Umfeld in 178 Ländern untersucht. Es zeigte sich, dass dieser Zusammenhang unabhängig von Einkommen, Alter und Wohnort (in der Stadt oder auf dem Land) ist. Bislang wusste man schon, dass häufige Schwangerschaften bei Frauen das Risiko für einige Krebsarten senken, doch bei der Großstudie kam nun heraus, dass auch Männer von einer Großfamilie profitieren, sogar vergleichsweise in einem stärkeren Maß als Frauen: Viele Krebsarten tauchten signifikant seltener auf. Zur Großfamilie zählen wohlgemerkt nicht unbedingt nur die eigenen Kinder, sondern auch die erweiterten Familienbindungen – denkt an die große italienische Generationentafel am Sonntagmittag. Die Forscher haben auch eine Vermutung, warum das so ist: Das Familienleben, so anstrengend und sorgenbeladen es auch oft sein mag, schaffe eine stabile emotionale Umgebung, die wiederum das

Immunsystem stärke und eine allgemeine Krankheitsresistenz fördere. Wer in eine Großfamilie eingebunden ist, so eine weitere These der Forscher, ernähre und verhalte sich auch bewusst oder unbewusst gesünder.[30]

Mehr *Italianità* ins Leben, Aufgabe V: Kreiert eure Großfamilie!

Die Aufgabe, eine eigene Großfamilie zu schaffen, kann euer Leben enorm erleichtern. Denn Gesellschaften, in denen Familie und Freunde das höchste Gut sind, sind zwar chaotisch, aber liebens- und erlebenswert. Die Menschen sind im Allgemeinen offen und freundlich. Mediterrane Lebenswelten halt.

Werdet in eurer unmittelbaren Umgebung zum Italiener. Insbesondere, wenn ihr Kinder habt, ist ein freundliches beziehungsweise kinderfreundliches, hilfsbereites Umfeld sehr viel wert.

Meine Schwiegermutter war die stets abrufbereite Babysitterin, und wir hatten großes Glück. Sie hatte mit der Geburt unserer ersten Tochter praktisch jede eigenständige Aktivität eingestellt und war nur noch für die Kinder da. Sie betreute sie, bekochte sie, zog sie an. Ich musste sie tatsächlich bremsen, als die Kindergärtnerin unsere Jüngste »Coco Chanel« taufte, weil sie immer so adrett gekleidet war. Das ging mir dann doch zu weit.

Mein jüngerer Schwager Piero ist Architekt und sorgte für ein absolut babysicheres Haus. Wir wohnen auf zwei

Stockwerken mit offener Treppe, und Piero zog – auch wenn es seinem minimalistischen Architektenherz arg wehtat – ein Geländer sowie abschließbare Türchen oben und unten ein. Mein älterer Schwager Paolo hingegen ist der fleischgewordene Bob, der Baumeister. Er kann alles, repariert alles, bohrt, schraubt und dübelt und wagt sich sogar an kleinere Elektronikgeschichten ran. Wenn der Fernsehempfang gestört ist, klettert er aufs Dach und justiert irgendetwas neu – ob Antenne oder Satellitenschüssel, kann ich nicht sagen, ich weiß nicht einmal, wie es auf unserem Dach aussieht. Lauras Cousine Marta dagegen ist Computerspezialistin. Gut, das hilft nicht viel bei der Erziehung, aber erspart doch den einen oder anderen Nachmittag im Apple-Store.

Klar, dass ihr nur in den seltensten Fällen eine Großfamilie zum Greifen nahe habt – das ist der Unterschied zwischen Deutschland und mediterranen Ländern, wo die Familien viel mehr aufeinanderhocken, ohne dabei komplett durchzudrehen. Aber was ist mit den Nachbarn? Den Arbeitskollegen? Behandelt diese Menschen gut – man weiß nie, wer beispielsweise gerade ein Kinderbett zu verkaufen hat oder wessen Tochter zufällig Pädagogik studiert und sich liebend gern ein Taschengeld als Babysitterin dazuverdienen will. Gut geeignet für neue Freundschaften sind Eltern, die schon aus dem Gröbsten raus sind. Sie können euch nicht nur so unerlässliche, aber atemberaubend teure Utensilien wie Autokindersitze überlassen, sondern wirken mit ihrer Erfahrung auch noch beruhigend. Mal ehrlich: Wenn der IT-Experte aus dem Büro mit der Marvel-Krawatte und der personalisierten Kaffeetasse es geschafft hat, drei Söhne durch die Pubertät zu bringen – worüber macht ihr euch dann Sorgen?

Natürlich ist es ein Geben und Nehmen, und dazu hat mich gerade ein wunderbares Zitat angesprungen: »Eine gute Ehe ist eine, in der jeder Partner heimlich glaubt, er oder sie habe den besseren Deal gemacht«, sagt die US-Schriftstellerin Anne Lamott, »und das gilt auch für Freundschaften.« Seid darauf gefasst, dass man irgendwann auch auf euch zukommen und euch um einen Gefallen bitten wird. Vielleicht nicht mit der tiefen Stimme des Marlon Brando im Paten, Teil I (hoffe ich jedenfalls für euch), aber seid in jedem Fall bereit, eurer hilfsbereiten Umgebung etwas zurückzugeben. Beispielsweise muss ich meiner Schwiegermutter, die immer irgendwelche Diäten macht, die viel Trinken erfordern, alle drei bis vier Tage Wasserkästen in den vierten Stock schleppen. Meine Schwäger muss ich mit bayerischem Weißbier befrieden, das ich alle zwei Wochen über die Alpen transportiere, außerdem wünschte sich Paolo ein signiertes Bastian-Schweinsteiger-Trikot, was ich ihm ebenfalls organisierte. Das kostete einige Mühe, aber bevor ich mir selbst die Bedienungsanleitung des SAT-Receivers durchlesen muss, biete ich mich lieber mal auf eBay um Kopf und Kragen.

Pino: Vom Matrosen zum Dorfkoordinator

Der italienische Philosoph Luciano De Crescenzo sagt: Es gibt Gesellschaften, die auf Gerechtigkeit beruhen, und es gibt Gesellschaften, die auf Freundschaft beruhen. Ein Beispiel für Ersteres ist England, wo ein Tellerwäscher die Königin verklagen kann. Ein Beispiel für Letzteres: klar, Italien. Hier funktioniert alles nicht so gut, und das Pochen auf »sein Recht« kann kontraproduktiv sein. Bei quälenden Behördengängen hilft es stattdessen, dort einen Freund zu haben. Beim Zahnarzt wartet man sechs Monate auf einen Termin, mit seiner Arzthelferin im Bekanntenkreis werden es vielleicht nur drei.

In Italien hat jeder irgendwo jemanden, der ihm einen kleinen Gefallen tun kann, und diese unsichtbaren Netzwerke bilden eine wichtige Grundlage des täglichen Lebens.

Ökonomisch sind Gerechtigkeitsgesellschaften mit bombensicheren Gesetzen und strikt geregelten Abläufen im Vorteil. Aber hier kommt der Clou: Gesellschaften, die auf Freundschaft beruhen, sind glücklichere Gesellschaften. Denn ihr müsst euch einfach gut verhalten. Freundlich und hilfsbereit sein. Die Nachbarn schätzen. In der Bar mal einen ausgeben.

Bevor ihr zum Therapeuten rennt, sprecht mit euren Freunden. Oder geht zu Pino.

Pino ist gerade 80 Jahre alt geworden. In den 1960-er Jahren fuhr er zur See, und bei der Handelsmarine hat man gut verdient. Mit seinen Ersparnissen kam er zurück in seine Heimat und eröffnete eine Bar. Er schließt sie höchstselbst schon um sechs Uhr morgens auf, und sie bleibt bis Mitternacht geöffnet, manchmal darüber hinaus. Drei Generationen helfen mit. Die meisten Gäste kommen täglich, zu festen Zeiten. Oft bleiben sie zum Abendessen, weil Pinos Frau für die ganze Bar gekocht hat.

Mal ganz ehrlich: Wie sollen in so einem sozialen Umfeld schlechte Laune, Depression oder Burnout entstehen? Bevor ihr zum Therapeuten rennt oder ein Buch mit fernöstlichen Sprüchen fürs Poesiealbum lest, sucht euch einen Pino.

Und nicht nur das: Bei Pino treffen sich alle. Der Klempner, der TV-Antennenexperte, der Fischer, der Feuerwehrmann. Ihr braucht etwas? Geht zu Pino. Aber – und das ist Italien – habt gegebenenfalls auch einen Gefallen anzubieten. Einen Fahrdienst, die Übersetzung einer Speisekarte oder – mein Trumpf – deutsches Bier.

Exkurs: Italienische Taktik oder wie ihr beim Monopoly gewinnt

Monopoly ist das beliebteste Brettspiel der Welt; es wird in mehr als hundert Ländern und in 40 Sprachen vertrieben. Dabei lehnten Spielehersteller Monopoly – erfunden im Jahr 1903 – zunächst ab, weil sie Schwächen in den Regeln ausmachten, unter anderem die lange Spieldauer. In der DDR war das Spiel wegen seines »kapitalistischen Charakters« verboten und durfte in Paketen aus dem Westen nicht mitgeschickt werden. Monopoly kommt in einem Agatha-Christie-Krimi und in einer Simpsons-Folge vor.

Doch wie gewinnt ihr in diesem Spiel? Das weiß niemand besser als Nicolò Falcone, der 2015 die Monopoly-Weltmeisterschaft gewann. Er freute sich über ein Preisgeld von 20 580 US-Dollar, welches genau der Summe entspricht, die in einem Monopoly-Satz als Spielgeld enthalten ist.

* * *

Hier kommen sieben Tricks – und ich verrate schon vorab, dass Trick Nummer sieben der simpelste und italienischste von allen ist.

1. Investieren ist besser als Sparen. Unzählige Partien haben gezeigt, dass risikoreiches Spiel häufiger gewinnt als konservatives Taktieren.

2. Am besten sind die orangefarbenen Straßen (auf dem deutschen Brett sind das die Münchner Straße, die Wiener Straße und die Berliner Straße), denn die Wahrscheinlichkeit für die Mitspieler, dort zu landen und zur Kasse gebeten zu werden, ist größer als anderswo. Dies hat unter anderem mit dem Gefängnisfeld zu tun, auf das man immer wieder geschickt wird – beim Rauskommen steht man dann schnell auf Orange.

3. Finger weg von den grünen Straßen sowie von den teuersten beiden Feldern, der Parkstraße und der Schlossallee, die wir doch immer alle haben wollen. Die Bankrottgefahr ist einfach zu hoch, gerade zu Beginn des Spiels.

4. Bleibt gegen Mitte des Spiels bewusst im Gefängnis. Es ist besser, einige Runden auszusetzen, als sich in die Gefahr zu begeben, den anderen Spielern Geld zuschieben zu müssen.

5. Baut möglichst schnell Häuser, aber keine Hotels. Der beste *Return on Investment,* mathematisch gesehen, sind drei Häuser.

6. Bahnhöfe sind gut, um ständigen Geldfluss zu garantieren. Sie werfen zwar gerade gegen Ende des Spiels im Vergleich zu Straßenzügen mit Häusern wenig ab, werden aber von Spielern häufig betreten.

7. Seid nett! Selbst bei den Weltmeisterschaften hat sich gezeigt, dass Spieler lieber gegen sympathische Gegner verlieren als gegen grummelnde Bösewichte.

Und das ist eine sehr italienische Regel, die nachweislich überall gilt: Freundlichkeit setzt sich durch, ob im Restaurant, in der Bank, beim Autohändler oder am Spieltisch.

Ein befreundeter Hotelier berichtete mir Folgendes: Beim Feilschen um ein Zimmer-Upgrade kommen die Schweizer immer mit irgendwelchen Krankheiten. Die Deutschen drohen mit Beschwerden und wedeln mit der Frankfurter Tabelle, jener Liste, die seit den 1980er-Jahren für prozessfreudige Reisende regelt, wie viel Prozent des Reisepreises man bei Mängeln zurückbekommt. Die Italiener fragen mit einem Lächeln. Nun ratet mal, wer das Upgrade am häufigsten bekommt.

Eine typisch italienische Erfindung: Die »Social Street«

Die besten Ideen sind oft so verblüffend schlicht, dass man sich fragt, warum darauf nicht schon früher jemand gekommen ist. Und doch hat es bis Ende 2013 gedauert, bis ein junger Journalist aus Bologna namens Federico Bastiani eine schnelle und unkomplizierte Nachbarschaftshilfe für das 21. Jahrhundert erfand. Und die funktioniert so: Alle Internet-Nutzer einer Nachbarschaft oder einer Wohnstraße schließen sich virtuell zusammen, gründen eine Gruppe, beispielsweise auf Facebook oder bei WhatsApp, und helfen einander – der eine leiht die Bohrmaschine, der andere holt dafür die Kinder vom Sport ab. Bei einem springt das Auto nicht an (so kam Federico übrigens auf die Idee), der Nachbar kann schnell mit einem Starterkabel helfen. Allein in Italien gibt es mittlerweile rund 300 solcher Nachbarschaftsprojekte mit rund 10 000 Teilnehmern, und diese Social Streets sind viel praktischer als Telefonketten. Mit einer Anfrage (»Wer kann mir einen Rasenmäher leihen?«) hat man binnen Sekunden Dutzende oder gar Hunderte Nachbarn erreicht. Auch gemeinsame Gartenpflege oder Hilfsdienste wie Einkäufe im Supermarkt für Gehbehinderte lassen sich prima via Social Street organisieren. In Apulien wird die Olivenernte in bestimmten Parzellen mit einer dörflichen Social Street koordiniert; die Ernte wird anschließend gerecht aufgeteilt. »Die digitale Entdeckung der Nachbarschaft«[31], titelte die *Neue Zürcher Zeitung* zum Thema.

Aber es geht nicht ausschließlich um das Geben und Nehmen, sondern manchmal auch nur um eine freundliche Geste. Eine Musikerin ging auf einjährige Weltreise. Während dieser Zeit »verschenkte« sie ihr Klavier, sodass jemand ein Jahr lang darauf spielen konnte. Nur den An- und Abtransport sollte der Beschenkte organisieren.

Inzwischen gibt es die Idee überall, etwa die Website und App nebenan.de. Aber wer ist als Erster darauf gekommen? Genau.

Bar, Trattoria, Restaurant, Pizzeria: Eine kleine Nachtmusik

In Italien ist es nicht wichtig, wohin man geht, sondern mit wem man unterwegs ist. Und jede Region hat ihre Ausgeh-Eigenheiten. In Venetien und im Friaul, wo ich wohne, dreht sich viel um den *aperitivo.* Und so zieht man von Bar zu Bar, wobei man meistens im Stehen konsumiert (oft auch draußen auf der Piazza). Die Gruppe wird größer und größer, und am Ende sind wir entweder zu viele, um noch Platz im Restaurant zu finden, es ist zu spät geworden oder beides.

Aber auch dann gibt es noch zahlreiche Möglichkeiten. Oftmals zieht man die *aperitivo*-Runde bis spät in die Nacht durch, denn die meisten Bars bieten Häppchen, den spanischen Tapas nicht unähnlich – in Venedig heißen sie beispielsweise *cicchetti* (gesprochen tschiketti) –, die auch als abendfüllende Mahlzeit gelten können. Je nach Lokal gibt es frittierte Tintenfische, Fleischbällchen und Pilze, *sarde in saor* (marinierte Sardellen), außerdem kleine belegte Brote, Tramezzini, Oliven, Kapern und Nüsse. Dazu trinkt man ein Glas Weißwein, und im Nordosten schimpft niemand, wenn man einen Spritz verlangt, also einen mit Wasser verlängerten Wein – überall sonst in Italien gilt das als Frevel. Dafür darf man dann auch mehr trinken. Die Häppchen sorgen schon allein für besonders stimmungsvolle Abende: Das gemeinsame Naschen der *cicchetti* ist eine fröhliche, Gemeinschaft stiftende Sache.

Die *aperitivo*-Kultur ist nirgends so verbreitet wie in Italiens Nordosten; neben Venedig sind auch Padua und Udine im Friaul berühmt für ihre Weinbars, in denen man sich zwanglos trifft. Das Glas Wein unter Freunden heißt in Venedig übrigens *ombra* – Schatten. Dafür gibt es zwei Erklärungen: entweder, weil man es im Sommer tunlichst nicht unter der Sonne genießen sollte. Oder, weil einst die Weinhändler auf den Märkten den Schatten der Palazzi suchten, um den Wein nicht zu heiß werden zu lassen.

Es ist aber auch nicht unüblich, dass irgendeiner aus der Runde sich anbietet, die ganze Meute zu sich daheim einzuladen und eine *spaghettata* zu kochen. Meist wird improvisiert, etwa mit dem Klassiker *aglio, olio e peperoncino,* der erstens so simpel ist, dass ihn selbst kulinarisch Herausgeforderte mit verbundenen Augen hinbekommen, und der zweitens den Vorteil hat, dass selbst die übelste Junggesellenbude die Zutaten zur Hand hat (in Italien jedenfalls ganz sicher). Das werden dann oft die wirklich besonderen Abende, bei denen sich Freundschaften vertiefen und amouröse Beziehungen anbahnen. Das gemeinsame Kochen ist mittlerweile auch bei ganz jungen Leuten beliebt, ich habe diese Art der Spontaneinladung aber auch schon bei meinem 79-jährigen Schwiegervater erlebt.

Ein Wort zum Alkohol: Italiener sind unglaublich maßvoll, und je weiter es in den Süden geht, desto weniger wird getrunken. Echtes Gezeche bis zum Verlust der Muttersprache habe ich in Italien noch nie erlebt, mit Ausnahme einer Gruppe Skilehrer aus Südtirol, aber die zählen nicht. In Italien gibt es nicht einmal ein Wort für den »Kater«. Wobei eines klar ist: Das, was Italiener am Morgen nach dem Oktoberfestbesuch in

München erfahren, dürfte sich ziemlich genau wie ein Kater anfühlen, auch wenn sie es nicht in Worte fassen können.

Pizzerien sind ideale Treffpunkte für Gruppen, was Italiener ja meistens sind. Während deutsche Pizzerien, zumal in Großstädten, neuerdings auf piekfein machen, sind italienische Pizzerien, ähnlich süddeutschen Wirtshäusern, mit großen Tischen auf große Gruppen eingestellt. Auch nach Klassenabenden oder Volleyballturnieren unserer Töchter geht es gemeinsam in die nächste Pizzeria.

Das Essen im Restaurant ist – je nach Geldbeutel – eher etwas für besondere Anlässe, etwa Geburtstage und Jahrestage. Wer es sich leisten kann, geht öfter. Es gibt aber auch den Typus des alten Herrn mit kleiner Rente, der fast jeden Abend ins Restaurant geht, dort einen Stammplatz in der Ecke hat, ein Glas Hauswein und einen schlichten Teller Nudeln bestellt und so gewissermaßen seine Ersatzfamilie gefunden hat. Ich finde das immer sehr rührend und eben auch typisch italienisch. Dabei hilft natürlich, dass ein Teller Nudeln und ein Glas Hauswein für deutlich unter zehn Euro zu haben sind.

Unsere Heldinnen und Helden: Walter Bolzonella, Barmann

Wer einen Spielfilm dreht und in der Besetzung einen Barkeeper braucht, sucht sich einen bärtigen Hipster mit kräftigen, tätowierten Unterarmen aus. Einen, der mit Flaschen wirbelt und mit Öl in der Stimme und Pomade im Haar die Gäste zu bespaßen versucht.

Walter Bolzonella repräsentiert das größtmöglich denkbare Gegenteil des Barkeeper-Klischees. Er sieht nämlich aus wie ein Buchhalter, der so ehrlich ist, dass er – um in der Dramaturgie eines Spielfilms zu bleiben – einen Rausschmiss riskiert, weil er einen schlimmen Skandal in der eigenen Firma aufdeckt. Walter ist ein freundlicher Herr mit zurückhaltender Stimme und wachen Augen hinter einer großen Brille.

Machen wir uns nichts vor: Die typische Hotelbar ist etwa so cool wie Papis holzvertäfelter Partykeller. Dass die Bar des »Belmond Cipriani« in Venedig eine Ausnahme ist und eine derartige Strahlkraft hat, dass sogar die Superstars aus ihren Room-Service-Höhlen hervorgekrochen kommen und sich unter das gemeine Volk mischen, liegt an Walter. Sein Reich ist nicht nur einer der beliebtesten Treffpunkte Venedigs, sondern ganz Italiens. Walter ist ganz alte Schule: 1978 kam er als 23-Jähriger ins »Cipriani«. Er wollte nie wieder fort. Hat hier seine Passion gefunden. Und gilt als Herz und Seele des Hauses, wie auch der hoteleigene Prospekt zugibt.

Walter sieht locker zehn Jahre jünger aus als 64. »Alle sagen mir das«, freut er sich. »Und sie fragen, wie ich das mache. Es ist ganz einfach: Ich liebe meine Arbeit.« Er lernte sogar noch beim alten Giuseppe Cipriani höchstpersönlich, der ihm erklärte, wie die richtigen Bellinis gehen. Venedig ohne Bellini ist wie Venedig ohne den Canal Grande, und der vermeintlich einfache Drink aus nur zwei Zutaten – Pfirsich und Prosecco –, 1948 von Giuseppe erfunden, hat seine Tücken. Denn der Pfirsich – hier irren auch viele Rezeptbücher – wird eben nicht püriert, sondern von Hand zerdrückt und anschließend abgeseiht. Ein Pürierstab würde ein wenig elegantes Mus fabrizieren. Dann gibt es noch den Trick mit den Schalen, die Walter ein paar Stunden liegen lässt und dann erneut zerdrückt. Weil sie dem Drink die Farbe geben.

Walter ist ein Freund von Kräutern und dekorierte seine Drinks schon mit ihnen, als andere Barkeeper noch mit Schirmchen arbeiteten. Eine seiner ersten Kreationen hieß Sherwood Forest, ein Cocktail, der nach Wald duftet, mit Prosecco, Maulbeersaft, Kräuterhonig, Ahornsirup, Wacholder, Gewürznelken, Zimt, geriebener Limonenschale und gestoßenem Eis. Er dürfte mehr als hundert Drinks erfunden und Tausende verfeinert haben, darunter gemeinsam mit seinem Kumpel George den Buonanotte und als Überraschung für seinen Kumpel George den Buonanotte Amigos. In Ersterem spielt Wodka die Hauptrolle, in Letzterem Georges eigenes Tequila-Label, dazu kommen Limone, Gurke, Ingwer, Cranberrysaft, Rohrzucker, eine eigene Komposition aus mehreren Angosturabittern und zerstoßenes Eis.

Sein Kumpel George, das ist George Clooney, der mindestens einmal pro Jahr mit seiner Ehefrau Amal Alamuddin zu Gast ist. Als Amal, damals noch Georges Verlobte, zum ersten Mal im »Belmond Cipriani« auftauchte, stürmte sie noch vor dem Einchecken zur Bar. »Sie müssen Walter sein«, sprach sie *den erschrockenen Walter an. Dann hob sie scherzhaft tadelnd den Zeigefinger. »George redet von niemand anderem, seit wir in Italien sind.« Walter ist vermutlich der einzige Mensch der Welt, der von George Clooney um ein Selfie gebeten wurde und nicht umgekehrt.*

Für Ronald Reagan mixte Walter nicht nur die Bellinis, *sondern brachte sie persönlich nach oben in die Suite, denn für den Secret Service war jeder andere Mitarbeiter ein zu großes Risiko. Sogar der schüchterne Al Pacino gerät bei Walter ins Plaudern, und dann ist da noch die Geschichte von Elizabeth Taylors Schoßhund Fluffy, dem Walter einen Martini mixte, welchen der flauschige Gast standesgemäß aus einer Schale aus Muranoglas genoss. (An alle Tierfreunde: Der Martini war pures Wasser, das Walter lediglich – ein bisschen Show gehört eben doch dazu – aus dem Mixer servierte.) Und zu den Filmfestspielen 2019 kamen Joaquin Phoenix und Brad Pitt zu Walter.*

Man muss wissen, dass es zwei Walter Bolzonellas gibt. Der eine lebt außerhalb von Venedig ein geruhsames, solitäres Leben. Er kommt täglich mit dem Zug zum Bahnhof Santa Lucia, besteigt dort ein Vaporetto bis zum Markusplatz, dann geht es mit dem hoteleigenen Shuttleboot über den Bacino di San Marco bis zum Hotel. Er liest Zeitung oder schaut ab und zu per Handy auf seinen neuen Instagram-Account (@walterbolzonella). Dann ist er im Hotel, manchmal schon früh am Morgen, obwohl der echte Barbetrieb erst am späten Nachmittag beginnt. Und hier kommt der zweite Walter Bolzonella hervor. Er umrundet mit beschwingten, gut gelaunten Schritten seinen Tresen, richtet alles her für den Abend, rückt die Flaschen zurecht, macht seine Mise en place. *Das Hotel ist sein Leben. Es ist der Ort, an dem er sich am wohlsten fühlt. Und die Drinks, das sind die Liebeserklärungen an seine Gäste. Unschlüssige Klienten findet Walter wunderbar. Denn sein Sport ist es, geschmackliche Vorlieben im kurzen Gespräch mit ein, zwei Nachfragen herauszufinden. Manchmal wird sogar spontan ein Cocktail maßgeschneidert. Daher wird es ihm im Job auch nach den vielen Jahren nie langweilig.*

Walter selbst trinkt übrigens wenig. Mit einem klassischen Gin Tonic ist er glücklich, auch Drinks mit Wodka mag er, denn »Wodka betont den Geschmack der anderen Zutaten«.

Und das einzige Hobby, das er sich gönnt – denn er will ja gar nicht abschalten, muss sich nicht von irgendwelchem Stress erholen –, passt ins Bild des eher zurückhaltenden Gentlemans: In dem kleinen Garten seines Hauses auf dem Festland, ein paar Kilometer von Mestre entfernt, kümmert sich Italiens berühmtester Barmann mit Gießkanne und Harke um seine Blumenbeete.

Passione: Das perfekte Date auf Italienisch

Angenommen, der oder die zu Verführende ist Italiener oder Italienerin. Nehmen wir weiter an, wir wären in Italien. Was müsste man tun, um das Date unvergesslich zu machen? All die Ratschläge, die ihr im folgenden Text findet, könnt ihr fast ausnahmslos auch auf euer persönliches Umfeld übertragen – für ein *appuntamento all'italiana.*

Wenn ihr nur gute Kumpels bleiben wollt – oder zumindest in einem harmlosen Rahmen beginnen wollt –, dann geht in eine Pizzeria. Das ist ein sicheres Zeichen, dass zumindest einer von euch es nicht ernst meint und ihr eure Pläne, euch zu verlieben, eventuell überdenken solltet. Oder es ist einfach eine raffinierte Tarnung von einem von euch. Eine Pizzeria oder Birreria richtet sich dezidiert an junge Menschen, die dort am Abend in Kohortenstärke einfallen. Die Chance ist also in dem Fall recht groß, dass ein Abschiedskuss auf die Wange die einzige Körperberührung sein wird, auf die ihr euch freuen dürft.

Nein, ein richtiges Date sollte schon in einem Restaurant stattfinden. Einem vernünftigen Restaurant, dessen Speisekarte möglichst nicht aus Bildern besteht. Ihr beeindruckt euer Gegenüber dann, wenn ihr den Padrone kennt. Für Deutschland heißt das: Geht dorthin, wo ihr wisst, was euch erwartet. Auch in Deutschland eignen sich italienische Restaurants übrigens perfekt, ist doch die italienische Küche die beliebteste von allen und hat für alle Vorlieben und Befindlichkeiten (Vegetarismus, Laktoseintoleranz, Glutenallergie) das komplementäre Gericht. Da es beim Date in erster Linie nicht ums Essen geht, lasst die Finger von wohlschmeckenden, aber komplizierten Gerichten wie Seebarsch in der Salzkruste. Umständliches Filetieren, Grätengefummel und generelles Rumpulen lenkt zu sehr ab und strahlt alles andere als Erotik aus. Überlegt euch auch gut, wie sich Pastagerichte mit dünnflüssiger Tomatensoße mit eurem frisch gebügelten weißen Hemd oder Kleid vertragen.

Die Königsdisziplin ist es natürlich, daheim zu kochen, und nicht nur deshalb, weil dann das Schlafzimmer nicht weit ist: Hier zeigt ihr euch gleich von eurer besten Seite. Ein unschlagbares Gericht für ein Date zu Hause sind Spaghetti mit Scampi. Sie sind kinderleicht zubereitet, und ihr müsst nicht die ganze Zeit in der Küche rührend aktiv sein wie etwa beim Risotto oder den Ofen überwachen wie beim Schmorbraten. Scampi haben genau den richtigen Glamourfaktor und werden von den meisten Menschen gemocht. Das Gericht sieht außerdem klasse aus und täuscht Kochkunst vor, selbst wenn ihr sonst eher der Tiefkühl-Fraktion angehört.

Was gehört sonst noch zu einem vernünftigen Date? Dezente Beleuchtung, gern Kerzen, vielleicht sogar frische Blumen auf dem Tisch. Wenn es sich bei eurer Verabredung wirklich um einen Menschen mit italienischem Pass handelt, dann widersteht der Versuchung, Al Bano & Romina Power aufzulegen. Was für uns nach Urlaub und unverfälschter Romantik klingt, klingt für Italiener wie für uns Roland Kaiser.

Die Scampi misslingen? Euer Gegenüber entpuppt sich als Veganer? Hier gilt: Habt einen Plan B, und sei es ein Dosengericht. Außerdem: Wein hilft. Viel Wein hilft viel. Das gilt auch für den weiteren Verlauf des Abends.

Nachtrag kurz vor Druckunterlagenschluss: Vielleicht bin ich mit der Pizza etwas zu heftig ins Gericht gegangen. Denn derzeit entwickelt sich in den europäischen Großstädten offenbar eine besonders edle Pizzakultur, so etwa im »W« in Berlin, im »Jill« in Hamburg, im »485 Grad« in Köln und Düsseldorf sowie in München im »NineoFive«. Dort gibt es sogar eine 32-seitige Weinkarte mit 500 Positionen. Die Zutaten für den Teig und den Belag kommen überall rigoros aus Italien. Wie es aussieht, sind diese Orte dann wohl doch *dateable.*

Warten wir einmal ab, ob sich dieser Trend verfestigt oder ob er sich so schnell verflüchtigt wie die Ramen- oder die superedlen Burger-Restaurants.

Exkurs: Hier kommt meine Geschichte

Ich weiß noch ganz genau, wann die deutsche Fußballnationalmannschaft zuletzt Europameister geworden ist: Es war der 30. Juni 1996, Europameisterschaft in England, Finale im Londoner Wembley-Stadion, Golden Goal durch Oliver Bierhoff in der 95. Minute. Eine Stunde später habe ich in einer Enoteca zum ersten Mal meine zukünftige italienische Frau geküsst. Ja, das war ein schöner Frühsommerabend. Müsste ich wie Bill Murray einen Murmeltiertag wieder und wieder erleben – es sollte bitte schön jener Sommerabend auf der italienischen Insel Grado sein, wo ich erst auf einem Fernseher mit wackligem Empfang den Sieg über Tschechien miterlebte und anschließend durch die Innenstadt schwebte, um dieses geheimnisvolle dunkelhaarige Mädchen zu treffen.

Es war nicht einfach, denn bei unserem ersten Date am Tag zuvor war Laura tatsächlich mit ihren beiden Brüdern angerückt. Sie sprach kein Deutsch, ich kein Italienisch, also stotterte ich mit ihren Brüdern auf Englisch herum. Natürlich ging es um Fußball. (Darum geht es bei mir und ihren Brüdern heute noch. Bloß dass ich inzwischen leidlich Italienisch spreche.) Und meine zukünftige Frau schaute mich den ganzen

Abend nicht an. Am Abend darauf aber, als wir Europameister waren … na, ihr wisst schon.

Was macht Italienerinnen so anziehend? Warum wollte ich nach jenem ersten, verheerenden Abend nicht aufgeben? Das lag an vielen Dingen, aber versuchen wir es mal auf alle Italienerinnen zu projizieren: Sie legen Wert aufs Äußere, ohne tussig zu sein. Maniküre und Pediküre stehen wöchentlich auf dem Programm, gern gehört ein dezentes Tattoo an einer versteckten Stelle dazu – dennoch geht es verblüffend selten in die billige Richtung. Gebräunt sind Italienerinnen sowieso, denn sie leben ja an Orten, an denen mindestens sechs Monate im Jahr Badewetter herrscht. Außerdem duften sie gut, immer ein wenig nach der salzigen, allgegenwärtigen Meeresluft. Denn kaum ein Ort ist weiter als eine Stunde von irgendeinem Strand entfernt. Sie sind sinnlichen Genüssen nicht abgeneigt. Wer je eine Italienerin essen gesehen hat, weiß, was ich meine.

Und noch etwas macht Italienerinnen besonders: Es gibt keine gemischten Cliquen. Männer hängen mit Männern rum, Frauen mit Frauen. Man geht sich aus dem Weg. Im Gegensatz zu ihrer offenherzigeren Cousine, der Französin, ziert sich die Italienerin. Flirts gehören nicht zum Alltag. Mag es am Katholizismus liegen, an der immer noch dominierenden Rolle der Familie – in jedem Fall macht dieses Dogma jeden Blick, jedes Lächeln zu einem außergewöhnlichen, elektrisierenden Ereignis. Wer von einer wildfremden Italienerin angelächelt wird, der darf sich wirklich was einbilden. Ich finde das gut. Wir Männer sind schließlich Jäger. Wir wollen unsere Beute nicht gaumenfertig serviert bekommen. Meine Frau ist ein rabiater Fußballfan, das hat sie im Blut. Meine Schwiegermutter hält unerbittlich zum AC Mailand, und bis vor Kurzem hatte sie sogar einen Vereinsschal über ihrem Fernseher drapiert. Jetzt hat sie einen Flachbildschirm, da klappt das nicht mehr so gut. Meine Frau dagegen hält zum FC Bologna, der derzeit mal wieder gegen den Abstieg aus der Serie A kämpft. Wenn ein Spiel läuft, geht meine Frau dermaßen ab, dass ich immer befürchte, unsere Nachbarn rufen die Carabinieri.

Wer mit einem Italiener oder einer Italienerin liiert ist, der bekommt das pralle Leben geliefert: Leidenschaft, Wein, Pasta, Fußball, Nächte am Meer. In der Reihenfolge, in der ihr es euch wünscht.

Exkurs: Kleiner Gesten-Knigge

Hier kommt noch ein wertvoller Kreativ-Tipp in einer Welt, in der Kommunikation immer wichtiger wird. Hirnforscher wissen es nach vielen Studien, engagierte Lehrer haben es schon immer geahnt: Gesten übermitteln unsere Botschaften viel eindringlicher und helfen Schülern beim Lernen. Ein simples Beispiel ist das Rechnen mit den Fingern, das uns als Kleinkinder die Eltern oder Erzieher vorgemacht haben, und selbst als Erwachsene bewegen wir bei vielen Rechenaufgaben noch (unbewusst) die Finger. Auch beim Lernen von Sprachen helfen die Bewegungen des Lehrers, um sich Wörter einzuprägen. Wenn die Englischlehrerin das Verb *to collect* mit einer einsammelnden Geste unterlegt, dann spricht sie gleich mehrere Hirnareale an, und das Wort wird besser in den Köpfen der Schüler verankert. Wissenschaftler sprechen von einer »motorischen Spur«: Bewegungen unterstützen das Wortgedächtnis. Unser Hirn lernt vor allem verbal und visuell – der Unterricht mit Worten und zusätzlichen Gesten ist also doppelt effektiv. Die Neurowissenschaftlerin Manuela Macedonia entwarf zum Beweis dieser These eine Kunstsprache, die wie Italienisch klang, und unterrichtete zwei Gruppen von Probanden einmal mit und einmal völlig ohne Gesten. Nach mehr als einem Jahr konnten sich jene aus der Gesten-Gruppe noch an zehn Prozent aller Wörter erinnern, jene aus der rein verbalen Gruppe gerade mal an ein Prozent.

Übrigens wissen wir instinktiv über die Wirkung von Gesten gut Bescheid. Eine Studie der Uni Edinburgh wies nach, dass wir bei wichtigen Mitteilungen, die wir besonders eindringlich vermitteln wollen (»Schau nach beiden Seiten, bevor du die Straße überquerst!«), dreimal so häufig gestikulieren wie bei eher banalen Erklärungen.

* * *

Hier ein kleiner Gesten-Knigge, der gerade in Italien wichtig sein kann. Manche Fingerzeige, die in einer Kultur unverfänglich, harmlos oder freundlich gemeint sind, werden in fremden Ländern völlig anders interpretiert. Klar ist, dass sich die Missverständnisse für uns im westlichen Kulturkreis in Grenzen halten, im Orient und in Asien dagegen häufiger sind. Doch auch in einigen europäischen Gegenden können die Fettnäpfchen tief sein und genau dort lauern, wo es selbst der gewiefteste Weltmann am wenigsten vermutet.

Eine der facettenreichsten Gesten ist das Okay-Zeichen – Daumen und Zeigefinger werden zum Ring geformt. Hierzulande ist die Geste unzweideutig, doch schon südlich von Florenz wird aus dem Okay ein »Zero«, eine Null. Es ist das Zeichen für »wertlos«, und wenn ihr in der toskanischen Trattoria die *Fiorentina* auf diese Art lobt, könnte das den Chef de Cuisine in eine schwere Sinnkrise stürzen. (Noch schlimmer wird es in Griechenland und in der Türkei. Dort ist das Zeichen eine obszöne Geste und Aufforderung zum Geschlechtsverkehr; auch in Südamerika und in Russland entspricht das Okay-Zeichen in etwa unserem emporgestreckten Mittelfinger. Jener übrigens war bis vor ein paar Jahrzehnten in den meisten Ländern völlig unbekannt und ist inzwischen, Hollywood sei Dank, weltweit zu einer absolut unmissverständlichen Handbewegung geworden.)

Eine hierzulande noch nicht adaptierte, in Italien aber schwer beleidigende Geste ist der zugleich abgespreizte Zeigefinger und kleine Finger. Es bedeutet: Du bist der Gehörnte, deine Frau betrügt dich. Und im weiteren Sinne (gern beim Gerangel um die Vorfahrt): Du bist ein Vollidiot. Mit dem Leibhaftigen haben die durch die Finger symbolisierten Hörner nichts zu tun. Die Redewendung kommt von dem alten Brauch, einem kastrierten Hahn die Sporen abzuschneiden und durch den Kamm zu stecken, um ihn als Kapaun zu kennzeichnen. Das Gebilde wuchs im Laufe der Zeit zu einem knorpeligen Horn weiter, und der entmannte Gockel schaute dabei dumm aus der Wäsche – da war es naheliegend, das Bild der unglücklichen Kreatur auf den hintergangenen Ehemann zu übertragen. Mit dieser Geste beleidigt man also gleich die ganze Familie: Der Mann ist ein Trottel, die Frau eine Hure. Überflüssig zu erwähnen, dass so eine Geste wenig Wärme spendet.

Das Heranwinken von Kellnern mit dem Zeigefinger mag in vielen Ländern üblich sein (höflich ist es dennoch nicht), in Italien ist dies jedoch eine Geste, die man allenfalls benutzen darf, um die Hauskatze herbeizulocken. Will man in einem überfüllten Restaurant auf sich aufmerksam machen, sollte man den Arm heben, und wenn schon gewinkt werden muss, dann mit Fingern, die Richtung Boden zeigen.

Gestische Zurückhaltung ist ohnehin einer der besten Ratschläge für Reisende in fremde Länder. Imitation, auch wenn sie gut gemeint ist, geht oft entsetzlich schief, denn einige Fingerzeige können, je nach Situation und unterstützender Mimik, konträre Bedeutungen haben. Die berühmteste italienische Geste etwa, die »Feige« (alle fünf Fingerspitzen der Hand sind zusammen gelegt und zeigen nach oben, dabei wird mit dem Handgelenk gewippt), millionenfach persifliert und karikiert, kann so unterschiedliche Dinge bedeuten wie »Das gibt's doch nicht!«, »Sag bloß!«, »Erklär's mir genauer!«, »Wann ist das Essen endlich fertig?«, »Was ist dein Problem?« oder »Lass mich in Ruhe, du Spinner!«

Dafür ist das Hupen oft als freundlicher Gruß gemeint; in Neapel hat sich daraus sogar eine äußerst facettenreiche Sprache entwickelt. Nur zur groben Orientierung: Eher kurze Hupstöße sind freundlich gemeint, je länger sie andauern, desto fordernder und aggressiver werden sie. Die Feinheiten der Hupsprache versteht jedoch nur jemand, der sich mehrere Jahre dem neapolitanischen Verkehr ausgesetzt hat. Und bei aller Liebe: Das solltet ihr euch nicht antun.

Fußball und das gute Leben

Es ist richtig lebensgefährlich, Fußballfan zu sein, wie eine deutsche Studie zeigt. Für die Untersuchung wurden Statistiken ambulanter Behandlungen in Deutschland während der Fußballweltmeisterschaft 2006 ausgewertet. Das Team um den Kardiologen Gerhard Steinbeck von der Uni München schaute sich die Zahl der Herzprobleme und -infarkte in den Kliniken an jenen Abenden an, als Deutschland spielte.[32] Beim Viertelfinale Deutschland–Argentinien, das Deutschland im Elfmeterschießen gewann, war die Zahl der Notfalleinsätze dreimal so hoch wie an anderen Spieltagen, auch im Halbfinale Deutschland–Italien, das Deutschland verlor, war die Zahl exorbitant hoch. »Es ist also egal, ob die eigene Mannschaft gewinnt oder verliert«, resümiert Steinbeck. Herzgefährdend ist nicht nur die Aufregung selbst, sondern vor allem die Kombination aus Schlaflosigkeit, Alkoholkonsum, stärkerem Rauchen und unkontrolliertem Hineinstopfen von Chips und Fast Food. Eine Studie aus Kanada zeigt ebenfalls, dass Männer dreimal so stark gefährdet sind wie Frauen, beim Mitfiebern mit ihrem Team einen Herzinfarkt zu erleiden.[33]

Rational betrachtet, ist es völlig unsinnig, zu einer Mannschaft zu halten, sofern nicht das eigene Kind für sie spielt. Denn den schnöseligen Millionären auf dem Feld, die nichts mit euch gemein haben, ist euer Fahnengeschwinge herzlich egal.

Klingt alles nicht gut, oder? Und es wird noch schlimmer: Denn auch aus ethischen Gründen sollten wir uns vom Fußball fernhalten. Die großen Teams werden mittlerweile oft von Milliardären oder gar Unternehmen aus Ländern beherrscht, für die Freiheit und Menschenrechte putzige westliche Begriffe sind.

Und doch, und doch … ihr ahnt es schon. Es gibt Untersuchungen, die zweifelsfrei beweisen, dass es sich als Fußballfan besser lebt. Hallo, Italien-Prinzip! Denn über die Bedeutung des Fußballs in Italien muss ich euch nichts erzählen, oder?

Daniel Wann, Psychologe der Murray State University im US-Bundesstaat Kentucky und Autor des Buchs »Sport Fans: The Psychology and Social Impact of Spectators« zeigt, dass die Qualität des sozialen Lebens und damit unser Wohlbefinden steigt, wenn wir uns für eine Mannschaft entscheiden und mitfiebern.[34] Und das hat fünf Gründe.

Erstens: Wer Fan ist, wird automatisch Teil einer Gemeinschaft. Bindungen zu anderen sind wichtig für unsere mentale Gesundheit. Wer Fan ist, erhält diese Bindungen praktisch en passant. Selbst wer nur mit einer Juventus-Turin-Cap durch den Ort läuft, bekommt ein Lächeln und wohlmeinende Daumen, wird auf einen Schwatz angehalten.*

Zweitens: Man ist Teil der Gemeinschaft, auch wenn gerade kein Spiel ist. Daniel Wann fand heraus, dass das Fan-Sein und die positiven Effekte auch über die pure Spielzeit hinausreichen. Wir fühlen uns also quasi permanent als Teil einer Gruppe. Wichtig: Es spielt nicht einmal eine Rolle, ob der Verein besonders erfolgreich ist oder meistens verliert.

---

* Außer natürlich, wenn ihr euch in Neapel befindet.

Drittens: Das Fan-Sein gibt uns eine gemeinsame »Währung« (ja, so nennen das die Psychologen) für innerfamiliäre Bindungen. Omi und Opi interessieren sich wahrscheinlich nicht für die neue Instagram-App, die automatisch hübsche Augenbrauen macht, während die Enkel eher spröde auf die Erzählungen von der harten Nachkriegszeit am Fließband im VW-Werk reagieren. Doch Fußball bringt drei oder gar vier Generationen zusammen und sorgt für ein verbindendes Gesprächsthema – ein sehr cooles Argument, finde ich.

Viertens: Der Psychologe Alan Pringle von der Universität Nottingham glaubt, dass Fußball vor allem Männern einen »safe space« garantiert, in welchem sie ihre Emotionen ausleben können – Lachen, Jubeln, Weinen und, Gott bewahre, sogar einmal andere Männer umarmen.[35] Damit haben Italiener nun wirklich gar kein Problem. Aber die meisten anderen Völker schon. Und noch etwas: Die meisten Fußballfans würden eher ihre Religion oder ihren Ehepartner wechseln als ihren Lieblingsverein, wie eine Umfrage gezeigt hat. Pringle zitiert einen Fußballfan von Mansfield Town: »When I was a kid I used to go there, when I was married I went, when I was divorced I went, when I was married again I went, when I was divorced again I went, it's the only constant thing in my life.«[36]

Fünftens: Wer Fan ist, bekommt Erfolgserlebnisse. Ein banaler Grund, ich weiß. Aber im echten Leben sind Erfolge wirklich rar. »Das Gefühl, zu gewinnen, ist gerade in schwierigen Zeiten außerordentlich wertvoll«, sagt Ronald F. Levant, Psychologieprofessor der Universität Akron in Ohio.[37]

Ihr hasst Fußball, oder Sport ist euch ganz egal? Völlig in Ordnung. Es ist ja bloß ein Mosaikstein des Italien-Prinzips, und wie schon öfter erwähnt, soll bloß niemand jeden Tipp sklavisch befolgen.

Aber ich würde vorschlagen, dass ihr in euch geht. Früher gab es doch bestimmt einmal ein Team, das ihr toll fandet, auch aus ganz irrationalen Gründen.* Es muss auch nicht Fußball sein, vielleicht schlägt euer Herz für Volleyball, Basketball oder einen Individualsport wie Tennis. Schaltet doch mal wieder den Fernseher ein, wenn ein Spiel übertragen wird. Und horcht in euch rein, wie sich das anfühlt.

---

* Gigi Buffon, die italienische Torhüterlegende, gibt als Lieblingsverein stets »Borussia Mönchengladbach« an. Der Grund? Er fand als Kind den schwer auszusprechenden Namen so geheimnisvoll.

Die heilsame Wirkung des Spazierengehens

In Italien ist das öffentliche Nahverkehrssystem nicht das beste. Es ist auch nicht so schlecht, wie es oft gemacht wird, aber es ist eben doch weit entfernt von der Perfektion anderer europäischer Länder.

Möglich, dass das auch an den Italienern selbst liegt, welche ja genau genommen kein Volk sind, sondern eine Ansammlung von Individualisten. Daher gehen Italiener gern zu Fuß. Morgens schlendern sie in ihre Bar, tagsüber spazieren sie, gern auch untergehakt mit Freunden, ein wenig durch die Gegend, abends geht es mit der Familie durch das Städtchen oder an der Ufermeile entlang. *La passeggiata* nennt sich das, und jede Stadt hat ihre eigenen Traditionen, wann man wohin geht. Selbst Geschäfte werden gern spazierend gemacht, mit oder ohne *telefonino* am Ohr, und auch nach einem Business-Mittagessen geht es noch ein wenig hin und her durch den Ort, ohne bestimmtes Ziel.

Möglich, dass Italiener damit schon lange richtig machen, was heute schwer im Trend ist. Und wie bei jedem Trend gibt es einen schmissigen Namen dafür: *Urban Walking.* Viele große Städte bieten inzwischen gut ausgeschilderte Wanderstrecken von Sehenswürdigkeit zu Sehenswürdigkeit an. Held der neuen Fußbewegung ist der Schriftsteller Iain Sinclair, der schon mehrere Tausend Kilometer durch London gewandert ist und darüber ein Buch geschrieben und einen Dokumentarfilm gedreht hat. Auch deutsche Reiseführer bieten inzwischen spezielle Bücher für Stadttourengeher an.

Die moderne Hirnforschung bestätigt die Segnungen des Flanierens: Für eine Studie der Uni Stanford aus dem Jahr 2014 mussten 176 Studenten kreative Denksportaufgaben lösen. Dabei mussten die Probanden entweder still sitzen oder auf einem Laufband oder in der Natur spazieren gehen. Es kam heraus, dass die Spaziergänger um 60 Prozent besser abschnitten als diejenigen, die hocken blieben.[38]

Die Forscher vermuten, dass die bessere Blutzirkulation der moderaten Bewegung auch im Hirn die Kreativität stimuliert. Sogar eine Firmenführungs-Methode hat sich daraus entwickelt: »Management by Walking Around« – »Management durch Umherschlendern«. Stets präsente, entspannt durch die Flure flanierende Bosse scheinen einen positiven Einfluss auf den Arbeitsausstoß zu haben. Sie wirken engagiert, nahbar, im selben Schützengraben.

* * *

Uns Nordlichtern schlägt schlechtes Wetter aufs Gemüt. Und: Diese Gemütsschwere hat sogar einen tollen Namen. Sie heißt *Seasonal Affective Disorder (SAD)* oder saisonal-affektive Störung. In der kalten Jahreszeit ist ein Anstieg depressiver Störungen um etwa zehn Prozent zu verzeichnen. Harmlosere Symptome sind Lust auf Süßes und Gewichtszunahme, etwas ernster sind schon anhaltende Müdigkeit, Interesselosigkeit und Reizbarkeit. Nach einer Studie der Universität Wien leiden rund 13 Prozent der Mitteleuropäer unter einer leichten, vier Prozent unter einer schweren SAD, und generell sind mehr Frauen als Männer betroffen. Mehr als jeder Sechste hat demnach ein jahreszeitlich bedingtes Wetterproblem.[39]

Als Ursache vermuten die Forscher eine gestörte Melatonin- und Serotoninproduktion, bedingt durch den winterlichen Lichtmangel. Ist damit das »sonnige Gemüt« der Südländer erklärt, die übers Jahr viel mehr Tageslicht abbekommen und durch das gute Klima ohnehin viel mehr draußen sind? Die Wissenschaftler zögern mit der Antwort, weil noch nicht ganz klar ist, wie genau schlechtes Wetter und schlechte Laune zusammenhängen. Eines ist aber nachgewiesen: Bereits ein mindestens einstündiger Spaziergang bei Tageslicht kann die SAD-Symptome mildern und das Gemüt stabilisieren. Selbst ein bedeckter Himmel oder Regenwolken sollten kein Hinderungsgrund sein. »Vor allem sollte man sich aufraffen, trotz schlechten Wetters rauszugehen und sich an der Luft zu bewegen«, sagt Claas-Hinrich Lammers von der Klinik für Psychiatrie der Berliner Charité.[40]

Spazierengehen hat sich in Langzeitstudien auch gegen Depressionen bewährt – sogar besser als jedes Medikament. »Wenn Sie regelmäßig spazieren gehen, werden Sie besser denken, bekommen mehr Dinge erledigt, lernen mehr und verlängern ihr Leben«, fasst es der Forscher Andrew Tate zusammen.[41] Die typische italienische *passeggiata,* zur Not auch mal durch den mitteleuropäischen Nieselregen – zweifellos ein weiterer Mosaikstein zum Glück.

Die Segnungen der Siesta

Ich weiß, ich weiß: Kunstschätze an jeder Ecke, bestes Essen in den Osterien, kilometerlange Strände – aber das Größte an Italien ist für mich doch der gesellschaftlich völlig akzeptierte Brauch, sich mittags ein wenig aufs Ohr legen zu dürfen. Die Siesta hat, wie in anderen südlichen Ländern, klimatische Gründe: Zwischen 13 und 16 Uhr und gar nach einem Mittagessen ist man vor allem in Süditalien angesichts der Hitze zu keinerlei vernünftigem Gedanken fähig. Es gilt übrigens auch als Todsünde, in dieser Zeit jemanden anzurufen – es sei denn, es handelt sich um einen internationalen Notfall.

Andere reden von Meditation, Yoga und *Mindfulness*. Brauchen Italiener alles nicht. Sie halten einen Mittagsschlaf. Deswegen haben sie auch keine Glücksratgeber, Schwitzkuren oder Atemübungen nötig.

In Managementkreisen hat sich vor einigen Jahren das *Powernapping* breitgemacht, ein durch und durch scheußliches Wort, und New-Age-Freunde behaupten, im Ayurveda gebe es ebenfalls den kurzen Mittagsschlaf, einen Brauch namens *Vamakukshi*.

Aber bleiben wir lieber beim Original. Zahlreiche Untersuchungen belegen, dass die Siesta eine rundum gute

Sache ist. So fanden Forscher bei einer Studie im griechischen Asklepieion-Krankenhaus an 212 Probanden heraus, dass eine Siesta blutdrucksenkend wirkt. Eine weitere griechische Studie beobachtete 23 000 Menschen zwischen 20 und 86 Jahren über sechs Jahre und kam ebenfalls zum Ergebnis, dass eine Siesta das Risiko von Herzkrankheiten deutlich senkt. Besonders hoch war der Effekt bei arbeitenden Männern. Jene, die eine Siesta halten konnten, hatten bei der Studie der Universität von Athen unter der Leitung von Androniki Naska ein um 64 Prozent geringeres Risiko, Herzerkrankungen zu entwickeln.[42]

Eine spanische Studie zeigte zudem positive Effekte für das gesamte Herz-Kreislauf-System und fürs Gedächtnis, und eine NASA-Studie wies nach, dass Piloten, die während ihrer Arbeitszeit eine knappe halbe Stunde schlafen durften, um 34 Prozent effizienter arbeiteten.[43] Die spanischen Forscher glauben sogar, dass der Ausfall der Siesta schädlicher sei als der Ausfall des Mittagessens.

Allerdings gibt es Einschränkungen, denn »viel hilft viel« trifft im Fall der Siesta nicht zu: Länger als eine halbe Stunde sollte sie nicht dauern – glaubt zumindest die NASA –, und man sollte sie auf dem Sofa oder in einem Sessel zelebrieren und nicht im Bett, wo die Gefahr zu groß ist, tief einzuschlafen. Außerdem ist es wichtig, sie regelmäßig abzuhalten, als echtes Ritual.*

Und wer Siesta mit Faulheit gleichsetzt, sollte wissen, dass einige der produktivsten Genies der Menschheit – Winston Churchill, Einstein, Napoleon** und Leonardo da Vinci – große Siesta-Anhänger waren. »Du musst irgendwann zwischen Mittag- und Abendessen schlafen, dann schaffst du mehr«, sagte

* Da haben wir's wieder!

** Seine angeblichen drei bis vier Stunden Schlaf pro Nacht? Alles nur Schau.

Churchill,[44] den man hierzulande nur als Politiker kennt, der aber ganz nebenbei noch zahlreiche hochgelobte Bücher schrieb und 1953 sogar den Literaturnobelpreis erhielt.

Und noch etwas: Manche Wissenschaftler vermuten, dass die Siesta für die erstaunlich hohe Lebenserwartung der Südländer mitverantwortlich ist – es ist nicht nur die mediterrane Diät, sondern auch der mediterrane Mittagsschlaf.

Wie mich eine Rostlaube inspirierte

Letzte Woche sah ich eine Polizeikontrolle, im Zuge derer ein zerbeulter Fiat Panda, Baujahr circa 1988, angehalten worden war. Drinnen saß ein alter Mann mit Mütze, Baujahr circa 1940. Kurze Zeit später kam ich erneut dort vorbei. Inzwischen standen ein Krankenwagen, zwei Carabinieri-Autos und noch ein paar weitere Autos um den Fiat, es war ein Riesenauftrieb. Der alte Mann mit der Mütze saß immer noch im Auto. Interessant, dachte ich.

In einem kleinen Dorf ist so etwas natürlich gleich ein großes Gesprächsthema, und bald erzählte mir ein Freund, der bei der Polizei ist, was passiert war: Der alte Mann war ein Bauer aus der Umgebung. Er war in eine Routinekontrolle geraten. Sein Auto hatte keine Versicherung. Dann stellte sich bei genauerer Überprüfung heraus: Er hatte auch keinen Führerschein. Nie besessen, in mehr als 60 Jahren als Verkehrsteilnehmer.

Und: Er fand dieses ganze Brimborium völlig unverständlich. Ergebnis: Fiat beschlagnahmt (100 Euro Restwert), 1 000 Euro Strafe.

Natürlich ist er nie weiter weg oder gar in den Urlaub gefahren (Urlaub ist sowieso ein für viele Italiener unverständliches Konzept, wenn man 7 000 Kilometer Küste direkt vor der Tür hat). Mal zum Bäcker, mal zum Supermarkt, mal in die Bar. Mit etwas Glück hätte er sein Leben ohne eine einzige Kontrolle beendet.

»Ja, aber wenn was passiert wäre?«

Genau das fragen nur wir sorgenvollen Mitteleuropäer uns.

Denn das Geheimnis ist: Es. Wird. Nichts. Passieren.

Glaubt es mir. Jedenfalls wird nie etwas so Schlimmes passieren, wie es uns die Versicherungen einreden wollen. Wir Deutschen sind ein ängstliches, überversichertes Volk. Ich selbst habe gerade nachgeschaut, dass ich gegen Autounfälle bis hundert Millionen Euro Schaden versichert bin. Was müsste passieren, um solch einen Schaden zu verursachen? Müsste ich ein Atomkraftwerk rammen oder beim Rückwärtseinparken einen Teil der Elbphilharmonie zum Einsturz bringen?

Es gab mal einen Versicherungsvertreter, der mir eine Berufsunfähigkeitsversicherung verkaufen wollte. Ich musste lachen: »Wenn ich als Autor nicht mehr arbeiten kann, bin ich tot!« Selbst wenn mir bei einem doch recht unwahrscheinlichen Unfall beide Hände abgehackt werden, kann ich mir immer noch einen Stift zwischen die Lippen klemmen und damit auf der Tastatur herumhacken. Inzwischen gibt es auch Spracherkennungsprogramme. Sogar Stephen Hawking schrieb Bücher, obwohl er nur mit dem Mundwinkel zucken konnte.

Dies hier soll kein Versicherungsratgeber werden. Niemand soll fortan unversichert durch die Gegend fahren. Und ich gebe zu: Ich bin in vielerlei Hinsicht durchaus ein Sicherheitsfanatiker. Und manchmal macht mich das sorglose Leben der Italiener völlig fertig. Haftpflichtversicherung, Fahrradhelm, Euroschutzbrief – was ist das? Meine Frau macht sich immer einen Spaß daraus, den Tank so weit wie möglich leerzufahren, während ich schon nervös werde, wenn die Anzeige unter die Hälfte fällt. Man weiß ja nie, wo die nächste Tankstelle ist, und war nicht irgendwo die Rede von einem Streik?

Aber haben die Italiener nicht recht? Nehmen wir einmal ein extremes Beispiel, nämlich die Sorglosigkeit, mit der munter Häuser am Hang des Vesuvs gebaut werden. Der nächste Ausbruch soll angeblich unmittelbar bevorstehen, sagen Wissenschaftler – wobei »unmittelbar« unter Geologen bedeutet, irgendwann in den nächsten zehntausend Jahren. Also entweder morgen oder praktisch nie. Die Italiener entscheiden sich für Letzteres, ich könnte keine Nacht ruhig schlafen.

Statistiker geben den Italienern recht. Also: Macht euch weniger Sorgen.

Wie das geht? Dazu kommen wir gleich.

Mehr *Italianità* ins Leben, Aufgabe VI: Macht euch weniger Sorgen!

Woody Allen schrammt in »Hannah und ihre Schwestern« knapp an einer fatalen Diagnose vorbei. Der Fleck auf dem Röntgenbild entpuppt sich doch nicht als Tumor, aber das Erlebnis beeindruckt den Hypochonder zutiefst. Nach der ersten Euphorie verfällt er sofort wieder ins Grübeln und macht sich auf die Suche nach dem Sinn des Lebens, der doch gar nicht existieren kann, wenn alles so furchtbar endlich ist.

Sein Vater gibt ihm die perfekte Antwort: »Wenn ich lebe, lebe ich! Wenn ich tot bin, bin ich tot!«

Ein Italiener hätte es nicht besser sagen können.

Für uns Sorgenkinder mag das wenig Trost sein, aber es gibt dennoch Hoffnung. Wir können unsere Grübeleien in den Griff bekommen, denn es gibt Strategien, um unsere Ängste zu begrenzen.

Die erste Idee ist immer: Geht zu eurem Pino (siehe »Pino: Vom Matrosen zum Dorfkoordinator«).

Wenn der aber gerade nicht zur Hand ist, hat die Autorin und Psychotherapeutin Amy Morin eine sehr kluge und simple Strategie entwickelt, mit unseren Sorgen umzugehen. Morins

Vorschlag klingt zunächst einmal bizarr: Wir sollen unseren Sorgen einen festen Termin am Tag einräumen.[45]

Und das geht so: Wir widmen ihnen regelmäßig eine halbe Stunde. Wir können uns irgendwo in Ruhe hinsetzen und alle schlimmstmöglichen Szenarien, vom Unfall über die Geldnot bis zur Krankheit, beinahe meditativ hin und her wälzen. Wir können sie auch niederschreiben – was immer wir bevorzugen.

Wenn die 30 Minuten vorbei sind, sind auch unsere Sorgen abgehakt. Viel wichtiger: Wenn wir uns außerhalb dieses Fensters zu sorgen beginnen, können wir uns daran erinnern, dass es ja bald wieder Zeit für eine Sorgenmeditation ist.

Es braucht ein wenig Übung, aber Studien belegen tatsächlich die Wirksamkeit dieser Sorgenterminierung. Probanden brauchen etwa zwei Wochen, bis ihre Sorgen im Alltag spürbar zurückgehen und sie nicht mehr behindern. Interessanter Nebeneffekt: Viele berichteten auch von besserem Schlaf, denn Zukunftsangst und Schlaflosigkeit sind eng miteinander verknüpft. Noch zwei Tipps von Frau Morin: Unser Sorgenfenster sollte an eine konstante Tageszeit gebunden sein und nicht zu nah an unserer üblichen Zubettgehstunde liegen.

RICAPITOLIAMO – Zusammenfassung des zweiten Teils

Das Italien-Prinzip bedeutet:

- Kocht für eure Familie. Ihr wisst ja jetzt, wie das geht. Nichts schweißt mehr zusammen als das gemeinsame Schlemmen.
- Schafft euch eine Großfamilie, die euch in allen Lebenslagen helfen kann, ob sie nun blutsverwandt ist oder nicht. Alles ist besser, wenn ihr es gemeinsam angeht.
- Findet einen Pino. Einen, der weiß, an wen man sich wofür wenden muss.
- Versucht es häufiger auf die freundliche Art. Damit kommt ihr sehr oft weiter als mit einer Rechtsschutzversicherung.
- Seid gute Nachbarn, das macht eure Heimat zu einem lebenswerteren Ort.
- Es ist gut fürs Wohlbefinden, ein Fußballfan zu sein. Lebt euer Fan-Sein aus – oder gebt ihm zumindest eine Chance.
- Spaziergänge und Siestas machen euch gesünder und produktiver.
- Macht euch weniger Sorgen. Das könnt ihr sogar lernen.

III. KREATIVITÄT UND KARRIERE

»In den dreißig Jahren unter den Borgias hat es nur Krieg gegeben, Terror, Mord und Blut, aber dafür gab es Michelangelo, Leonardo da Vinci und die Renaissance. In der Schweiz herrschte brüderliche Liebe, fünfhundert Jahre Demokratie und Frieden. Und was haben wir davon? Die Kuckucksuhr!« *

Aus: »Der dritte Mann«[46]

* Und nicht einmal die ist eine Schweizer Erfindung.

Exkurs: Italienische Genies – gibt es Gemeinsamkeiten?

Bevor wir uns die Italiener als fröhliche, immer ein Liedchen summende und Spaghetti in sich hineinstopfende Gutelaunebären vorstellen oder sie als Gondolieri, Oberkellner und Pizzabäcker mit simplem Gemüt und schlichtem Optimismus karikieren, ist es wichtig, sich einmal klarzumachen, welchen Einfluss Italiener auf unser Leben hatten. Ich wage die These, dass kein anderes Land die moderne Welt in all ihren Ausprägungen stärker geformt hat als Italien. Das glaubt ihr nicht? Dann setzt euch bequem hin und kommt mit mir auf eine Reise.

Recht, Wissenschaft, Malerei, Bildhauerei, politische Philosophie, Lyrik, Medizin, Wirtschaft und Bankenwesen, Entdeckungen, Architektur, Musik – überall war Italiens Einfluss immens. Die römischen Bauten faszinieren bis heute, und Venedig ist im Verhältnis zu seiner Einwohnerzahl die meistbesuchte Stadt der Welt. Universitäten sind eine italienische Erfindung, und die katholische Kirche, ebenfalls weitgehend ein italienisches Konstrukt, ist auf dem Weg ins dritte Jahrtausend.

Gehen wir es chronologisch an: Der Kalender, nach dem die Welt heute ihre Tage und Jahre bestimmt, ist eine römische

Erfindung von Julius Cäsar, und die leichte Anpassung unter Papst Gregor XIII. ist bis heute Norm.

Die römische Republik wurde mit ihrer ausgeklügelten Machtbalance Vorbild heutiger Nationen, und viele staatskundliche Begriffe gehen aufs Lateinische zurück – Republik, Präsident, Kongress, Senat, Repräsentation, Judikative, Exekutive, Legislative, Kandidat, Plebiszit und vieles mehr.

Die römischen Bauten, die von Schottland bis in den Irak zu finden sind – Straßen, Paläste, Befestigungen, Häfen, Brücken, Aquädukte –, dürften als größtes komplexes Werk der Menschheitsgeschichte gelten;* das heutige Straßenwesen bildet noch viele der damaligen Wege exakt nach. Übrigens gab es schon im alten Rom Staus und sogar die ersten Verkehrsmeldungen. So wurden in den umliegenden Gemeinden Warnungen ausgesprochen, aufgrund des zu erwartenden Gedränges an bestimmten hohen Festtagen nicht in die Hauptstadt des Imperiums zu fahren.

Bauten wie das Pantheon oder das Kolosseum wären selbst mit heutigen modernen Mitteln nur sehr schwer realisierbar,** ebenso die meisterlich konstruierten Aquädukte, deren Neigung über Hunderte von Kilometern perfekt sein musste – steil genug, dass das Wasser beständig floss, aber flach genug, dass es nicht zu heftig durch die Kanäle rauschte und das Mauerwerk beschädigte.

---

* Anscheinend waren die Architekten damals wirklich schlauer: Studien der Universität Berkeley ergaben, dass der römische Zement aus Vulkangestein, der sogenannte *opus caementicium*, heutigen Baustoffen überlegen ist.

** Die Römer selbst haben das Kolosseum zur Ruine gemacht. Seit dem 9. Jahrhundert bedienten sie sich an dem Amphitheater, um ihre eigenen Häuser zu bauen. Auch die Päpste hatten nichts für heidnische Bauten übrig; so wurde der Palazzo Barberini aus Kolosseum-Steinen errichtet.

Gehen wir zu den Soft Skills: Catullus erfand die Liebesgedichte, Gaius Lucilius die politische Satire, die von Juvenal perfektioniert wurde. Ovids Einfluss auf die nachfolgenden Künstlergenerationen ist unermesslich.

Das römische Rechtssystem war so ausgeklügelt, dass die gesammelten Vorschriften um das Jahr 500 halb so lang waren wie die Bibel. Schon zu Hadrians Regierungszeit (117–138) bekamen sogar Sklaven Rechte (wenngleich sie Sklaven blieben), und der bis heute gültige Grundsatz, lieber einen Schuldigen laufen zu lassen, als einen Unschuldigen zu bestrafen, findet sich bereits im Jahr 223.

In Salerno entstand die weltweit erste Medizinschule, in Bologna im Jahr 1088 die erste Universität, in der später Petrarca, Kopernikus und Erasmus studieren sollten; zu den Professoren gehörten unter anderen Luigi Galvani und Umberto Eco. Von Bologna aus verbreiteten sich alte römische Schriften, insbesondere zum Recht, in ganz Europa.

Die erste medizinische Fakultät wurde im 13. Jahrhundert in Bologna ins Leben gerufen und brachte sofort Genies wie den Chirurgen Ugo Borgognoni aus Lucca hervor. Er war der Erste, der diese Berufsbezeichnung verdiente – zuvor erledigten Barbiere oder Schmiede die Operationen. Ugo erfand auch das erste Betäubungsmittel zum Einatmen, indem er dem Patienten einen Schwamm unter die Nase hielt, der mit Opium, Bilsenkraut, Schierling und Alraune getränkt war. Sein Ziehsohn machte sich um die Wundsterilisierung verdient – er experimentierte erfolgreich mit Wein. Und Guglielmo da Saliceto erfand das moderne Skalpell, das erheblich kleinere Narben hinterließ als das Brenneisen, das bevorzugte Arbeitsmittel der vermeintlich hochgelobten orientalischen Ärzte. Später sollten Malpighi, Fallopio und einige andere die moderne Anatomie begründen.

Nach Benedikt von Nursia und Franz von Assisi schenkte uns Thomas von Aquin die moderne Theologie und führte das

Konzept des freien Willens ein, der uns zwischen Gut und Böse wählen lässt. Apropos göttlich: An Dantes »Göttliche Komödie« reicht laut T. S. Eliot nur Shakespeares Gesamtwerk heran, und Henry James hielt Dante für den größten Literaten von allen.

Auch der Kapitalismus ist eine italienische Erfindung, und die moderne Finanzwirtschaft ist in Italien entstanden. Unter Venedigs Kaufleuten wurden riskante Handelsfahrten mit Beteiligungen finanziert und abgefedert. Das Aufbringen von Kapital, die Aufteilung des Risikos und überhaupt das Entstehen eines freien Marktes, weitgehend unabhängig von feudalem Gutdünken, sind noch heute die Grundlage unseres Wirtschaftssystems. Selbst bargeldloser Zahlungsverkehr und doppelte Buchführung waren in Italien schon viel früher als anderswo üblich – und auch Versicherungen haben ihren Ursprung hier. Mit ihren Methoden waren die norditalienischen Städte auch dem nordeuropäischen Hansebund um Jahrhunderte voraus. Und so war es kein Wunder, dass das Finanzviertel Londons den Namen Lombard Street bekam – nach den Bankhäusern in der Lombardei. Erst im 17. Jahrhundert brach der Welthandel der Engländer und Holländer die italienische Dominanz.

Giotto gilt als einer der wichtigsten Künstler der Geschichte, hat er doch der Moderne überhaupt erst den Weg bereitet. Er experimentierte als Erster mit Perspektive, Licht und Schatten sowie mit Gesichtern, die sehr genaue Details zeigten – es war eine gewaltige Abkehr von der mittelalterlichen Malerei. Die moderne Lyrik wurde von Petrarca erfunden, Boccaccio begründete den literarischen Realismus. Boccaccio war der Erste, der Geschichten über gewöhnliche Menschen schrieb, über Händler, Mönche, Handwerker, Ladenbesitzer.

Brunelleschi, Ghiberti, Donatello und Masaccio definierten mit ihren Bauten, Skulpturen und Gemälden die Renaissance, und Cosimo und Lorenzo de' Medici fungierten als Kunstmäzene im ganz großen Stil. Weltweit hat es nie eine einflussreichere Familie gegeben – über dreihundert Jahre lang bestimmten die Medici die italienische und europäische Politik, stellten Päpste und Könige, und noch heute erfreuen wir uns an ihren Palästen und Kunstwerken. Und: Es gibt sie noch heute! Zwar starb 1737 der letzte Medici-Großfürst, doch eine Nebenlinie blieb, was kaum einer weiß, bis heute erhalten. Daher gibt es noch zwei lebende Nachfahren, die allerdings keine Kinder haben – die Familie, die einst große Teile Europas beherrschte, wird tatsächlich bald aussterben.

Leonardo da Vinci ist vermutlich das größte Genie, das je gelebt hat, und »Mona Lisa«, »Felsgrottenmadonna« und »Das letzte Abendmahl« sind Gemälde, die noch in tausend Jahren die Betrachter faszinieren werden. Sein junger Konkurrent Michelangelo schuf mit seinem »David« die wohl berühmteste Statue der Menschheitsgeschichte.

Christoph Kolumbus, Amerigo Vespucci und Giovanni da Verrazano entdeckten unbekannte Welten. Niccolò Machiavelli erfand die politische Wissenschaft, und zu seinen Anhängern gehörten Francis Bacon, Arthur Schopenhauer und T. S. Eliot, der sagte: »Kein Genie ist je gründlicher missverstanden worden.«[47]

Das erste wirkliche Benimmbuch für den Herrn wurde zu Beginn des 15. Jahrhunderts von Fürst Baldassare Castiglione verfasst. »Il Cortegiano« blieb über Jahrhunderte das Standardwerk für vollendetes Benehmen und überstand sogar die Französische Revolution.[48] Erst der Erste Weltkrieg beendete jedes Klassenbewusstsein. Die berühmte britische Noblesse geht auf Castiglione zurück, dessen Buch auch in England ein Bestseller war.

Andrea Palladios Geniestreiche begründeten den Berufszweig des Architekten (für moderne Auswüchse kann er nichts), dabei war er auch noch Ingenieur, Mathematiker und

Musiker. Er war der Erste, der das Konzept vertrat, die Bauten müssten sich harmonisch in die Landschaft einfügen, statt wie Monolithen protzig aufzuragen.

Caterina de' Medici brachte den Franzosen das Essen bei, denn am französischen Hof waren, als Caterina ankam, noch nicht einmal Gabeln zu finden. Sie brachte Köche mit, die Gerichte würzten, um ihren Geschmack zu unterstreichen, und nicht, um den Fäulnisgrad alten Fleisches zu übertünchen. Sie führte Artischocken, Melonen, Trüffeln sowie Eiscreme und zahlreiche weitere Süßspeisen ein.

Jacopo Peri schrieb 1625 auf Aufforderung zweier Medici-Witwen die erste Abhandlung über die politischen Rechte von Frauen – »La precedenza delle dame« –, und Galileo Galilei begründete die moderne, auf Beobachtungen und Überprüfungen basierende Wissenschaft. Italien schenkte der Welt das Klavier und die Geige* sowie dank Monteverdi die Kunstform der Oper. Gian Lorenzo Bernini schuf Skulpturen von einmaliger Ausdruckskraft. Cesare Beccarias rechtsphilosophisches Werk bildete in ganz Europa die Grundlage für Reformen des Strafrechts, die bis heute gelten, Alessandro Volta und Luigi Galvani verdankt die Menschheit die Nutzbarmachung der Elektrizität.

Giacomo Leopardi brachte Düsternis und Verzweiflung in die Lyrik, und daher war es kein Wunder, dass Arthur Schopenhauer sein größter Bewunderer war.

---

* Stradivari half bei seinen Instrumenten die Kleine Eiszeit. Von 1645 bis 1715 herrschten in Mitteleuropa tiefe Temperaturen. Lange Winter und viel zu kühle Sommer sorgten dafür, dass die Bäume langsam, dafür aber sehr gleichmäßig wuchsen. Das Holz aus dieser Zeit hat dünne Jahresringe und eine geringe Dichte, und das bietet hervorragende Voraussetzungen für einen guten Klang.

Maria Montessori, die als erste Frau ihr Medizinstudium in Rom antreten durfte – allerdings erst, nachdem Papst Leo XIII. sich persönlich für sie eingesetzt hatte –, revolutionierte die Kindererziehung und beschäftigte sich vor allem mit den vermeintlich Zurückgebliebenen.

Guglielmo Marconi erfand das Radio, und Enrico Fermis Forschungen machten ihn zum Vater des Atomzeitalters. Zudem hinterließ er der Welt folgendes wunderbare Bonmot: »Mit wissenschaftlicher Forschung kann man alles erklären. Außer sich selbst.«[49] Roberto Rossellinis und Federico Fellinis Filme beeinflussen Regisseure bis heute. Nicht zu vergessen: Auch Hollywood ist seit jeher von Italoamerikanern durchdrungen, etwa von den Regisseuren Francis Ford Coppola, Martin Scorsese und Quentin Tarantino oder den Schauspielern Robert De Niro, Sylvester Stallone, Nicolas Cage, Al Pacino, Danny DeVito, Steve Buscemi und John Travolta.

Giuseppe Tomasi, Prinz von Lampedusa, schrieb das Meisterwerk »Il Gattopardo«, das sich bis heute jedes Jahr 100 000 Mal verkauft.

Und zum Schluss: Nur 3 600 Ferraris werden pro Jahr produziert, doch kein Auto steht mehr für Speed und Eleganz. Dabei sind die schnittigen PS-Protze äußerst zuverlässig – fast alle der bislang produzierten 100 000 Modelle fahren noch.

Weniger PS, aber genauso viel Stil hat die Vespa. Ihr Erfinder, Corradino D'Ascanio, träumte eigentlich vom Bau leistungsstarker Hubschrauber, doch in den bettelarmen Nachkriegszeiten war dieses Ziel allzu ehrgeizig. Stattdessen hörte er auf den Unternehmer Enrico Piaggio, der ihm auftrug, ein motorisiertes Zweirad zu konstruieren, das exakt um einen sitzenden Menschen herumgebaut werden sollte. D'Ascanio, der nichts von Motorrädern wusste, ging völlig unvoreingenommen an die Aufgabe heran – und erschuf eine Ikone. Für die Italiener ist die Vespa ein wichtiger Teil der nationalen

Identität, vereint sie doch *amore* und *motore* und ist ein Stück Ingenieurskunst, das drei Generationen überdauert hat. Es existieren so viele Baureihen, dass es heute keine verlässliche Zahl über die tatsächlich verkauften Exemplare gibt, nicht einmal vom Unternehmen selbst. Kein Fahrzeug spielte häufiger in Hollywoodfilmen mit, darunter in dem schon erwähnten »Ein Herz und eine Krone«, »Quadrophenia«, »American Graffiti«, »Good Morning, Vietnam«, »Der talentierte Mr. Ripley« – und natürlich in Fellinis Meisterwerk »La Dolce Vita«. Die größte Vespa-Sammlung der Welt ist mit 400 Modellen im Miami Auto Museum in Florida zu bewundern.

Was für ein kulturelles Erbe steckt in diesem schmalen Stiefel!

* * *

Was können wir von italienischen Genies lernen? Noch einmal zurück zu Fürst Baldassare Castigliones »Il Libro del Cortegiano«, jenem bahnbrechenden Benimmbuch aus dem 16. Jahrhundert. Dort taucht der so wichtige Begriff *sprezzatura* auf,[50] der unmöglich in eine andere Sprache zu übersetzen ist. *Sprezzatura* bedeutet: mit Anmut und leichter Hand große Dinge erschaffen, nie die Contenance oder die *bella figura* verlieren. Auch Anstrengendes soll mühelos und leicht erscheinen. *Sprezzatura* heißt, klaglos seinen Weg zu gehen. So wie Prinz Tomasi, so wie Enzo Ferrari. Oder auch jener kleine Handwerker im Ort, der mit hoher Kunstfertigkeit erstklassige Ledertaschen herstellt.

* * *

Ja, ich weiß, wer sich heute in Italien umschaut, kommt ins Zweifeln. Vor allem, wenn er die vermeintlichen Stars im Fernsehen oder die Influencer im Internet betrachtet.

Sonnenverbrannte Menschen mit kunstvoll zerfetzten 250-Euro-Jeans beherrschen die Bildschirme. Egal, wie hart die Zeiten sind – fürs Tätowier-Studio, fürs Gym und für die Stunden im Solarium reicht es bei den C-Sternchen immer noch. Wer diesen Menschen beim Absondern ihrer intellektuellen Leere zuschaut, grübelt über die Zukunft.

Doch jede Wette: Für jede dieser Nullnummern sitzt ein begabter Italiener oder eine begabte Italienerin irgendwo in einem kleinen Rustico und schreibt am nächsten »Gattopardo«, erdenkt gerade eine brillante Serie wie »Gomorrha« oder kreiert einen neuen, fabelhaften Kunststil. Ich bin mir sicher: Eure Zeit wird kommen!

Was wir von italienischen Busfahrern lernen können

In Italien tragen die Busfahrer Hemd und Krawatte, oft auch ein passendes Jackett dazu. Das hat mich seit jeher beeindruckt. Wir haben ja schon im Kapitel »Italienische Mode« gesehen, wie *power dressing* im Job helfen kann: Anzüge oder generell gut sitzende, edle Kleidungsstücke machen uns selbstsicherer, ganz egal, welche Aufgabe wir angehen und in welchem Job wir uns befinden. Notiz an die immer mehr werdenden Tüftler, Bastler, Künstler, Programmierer und Textetipper im Homeoffice: Wer den ganzen Tag im Schlafanzug bleibt – eine verführerische Option für alle Heimarbeiter, ich spreche aus Erfahrung –, wird vielleicht nicht die allerbesten Ideen haben.

Verschiedene Studien, etwa von der Universität Yale,[51] deuten auf weitere Vorteile hin: Kollegen und Kunden begegnen gut angezogenen Menschen mit deutlich mehr Respekt, und Respekt vor der Arbeit ist in Italien ein ganz wichtiges Thema: Jeder wird ganz unironisch mit *Maestro, Professore, Dottore* oder *Dottoressa* angesprochen, und das völlig zu Recht. Busfahrer beispielsweise haben meine Hochachtung; ihre Arbeit ist anstrengend und verantwortungsvoll, jedoch nicht besonders gut bezahlt. Doch sie erledigen ihren Job mit Stolz und Würde. Das bewundere ich sehr.

Untersuchungen deuten aber auch darauf hin, dass einfallsreich gewählte Kleidung uns kreativer werden lässt. Ihr müsst vielleicht nicht in einem Bühnenoutfit à la Elton John zur nächsten Konferenz erscheinen* – es kann durchaus um Kleinigkeiten, kaum zu bemerkende Besonderheiten, winzige Stilbrüche gehen. Wie wir bei der *enclothed cognition* gelernt haben, wirkt sich die Kleidung auf den Träger aus. Es ist sicher kein Zufall, dass viele Genies einen außergewöhnlichen Kleidungsstil bevorzugen. Und es ist sicher auch kein Zufall, dass in Italien die Paradiesvögel – und seien es nur die Paradiesvögel der örtlichen Bridge-Runde – auch immer von Weitem zu erkennen sind: an bunten Seidenschals, exzentrischen Beinkleidern oder gewagt geschwungenen Sonnenbrillenfassungen.

---

* Und falls doch: Googelt einfach mal »Elton John outfits« und staunt darüber, was sich mit Stoff, Nadel und Faden so alles anstellen lässt.

Weniger Entscheidungen = bessere Entscheidungen

Decision fatigue oder Entscheidungsmüdigkeit – wieder einmal haben die Forscher etwas entdeckt oder besser benannt,* was die Italiener schon lange geschickt vermeiden: zu viele Entscheidungen.

Was hat es damit auf sich? Also: Nach dem Hanteltraining in der Muckibude oder einer Laufrunde durch den Stadtpark sind unsere Muskeln erschöpft. Das Phänomen kennen wir alle (auch wenn wir schon lange nicht mehr in der Muckibude waren oder die Laufschuhe geschnürt haben).

Das Phänomen der Erschöpfung unserer beanspruchten Muskeln gilt ganz offensichtlich auch für unseren Geist. So untersuchten Shai Danziger und Liora Avnaim-Pesso von der Ben Gurion University und Jonathan Levav von der Columbia Business School mehr als 1 100 Gerichtsentscheidungen, und es stellte sich heraus, dass nicht allein das begangene Verbrechen oder die Ethnie der Verurteilten darüber entschied, ob sie die Haft antreten mussten oder mit einer Bewährungsstrafe davonkamen – sondern die Tageszeit, zu der sie vor dem Richter standen.

---

* Roy F. Baumeister heißt der Namensgeber.

Je später am Tag es war, desto strenger und standardisierter fielen die Urteile aus. Die Richter waren müde geworden, sich in jeden einzelnen Fall reinzuarbeiten, und folgten immer bereitwilliger den Empfehlungen der Staatsanwaltschaft.

Weitere Untersuchungen zeigen, dass die Aggressivität in den sozialen Medien mit fortschreitender Tageszeit zunimmt. Am Ende eines Tages scheinen immer weniger Menschen die Energie aufzubringen, sich mit einem Argument, das sie stört, differenziert auseinanderzusetzen. Beim Einkaufen sind wir nachweislich wie gelähmt, wenn es zu viel Auswahl gibt, und oft vergessen wir das Wichtigste. Und kennt ihr das auch, dass ihr euch mit eurer Partnerin oder eurem Partner den ganzen Tag darüber unterhaltet, was ihr am Abend kochen wollt, es immer schwieriger wird, eine Entscheidung zu fällen – und das Ganze schließlich mit einem Anruf beim Pizzabringdienst endet?

Was hat das alles nun mit dem Italien-Prinzip zu tun? Bei aller Leichtigkeit ist hier das Leben von Wiederholungen bestimmt. Der morgendliche Kaffee an der Bar ist ein Ritual, ebenso die Espressopause um elf in den meisten Büros. Das heilige Sonntagsessen bei der *nonna* – oder, wie ich es immer wieder beobachten kann, über Jahre hinweg im Familienkreis im selben Restaurant – wird ebenso wenig infrage gestellt wie das immer gleiche Urlaubsziel (dazu gleich mehr). Manche Untersuchungen lassen übrigens darauf schließen, dass Freizeit-Entscheidungen besonders ermüdend sind. Am Morgen haben wir im Urlaub noch große Pläne, doch nach langem Hin und Her verbringen wir den Tag doch erschöpft unterm Sonnenschirm.

* * *

Forscher haben einige Verhaltensregeln aufgestellt, die uns helfen können, unser geistiges Leben zu entrümpeln, uns nicht zu verzetteln und uns ganz italienisch auf die guten, klaren Sachen wie den täglichen Espresso mit Freunden oder Kollegen zu konzentrieren:

Standardisiert möglichst viel.
Klingt etwas herzlos, aber ihr wisst, wie ich es meine: Wie wäre es denn, wenn ihr euer Lieblingshemd, in dem ihr euch wohlfühlt, einfach noch ein paarmal nachkauft, sodass ihr am Morgen vor dem Kleiderschrank nicht mehr herumknobeln müsst?

Trefft die wichtigsten Entscheidungen am Morgen.
Da ist unser Geist noch frisch, und unsere Entscheidungen sind nachweislich durchdachter.

Im Zweifel ist die einfachste Entscheidung die richtige.
Klingt simpel, und doch stehen wir im Supermarkt minutenlang wie gelähmt vor den 30 Sorten Zahnpasta. Ich überlege seit Jahren, mir ein neues Fahrrad zuzulegen, aber der Italiener in mir hat sich endlich durchgesetzt: Ich gehe entweder zu Fuß oder benutze das Auto; es gibt nichts wirklich Relevantes in meinem Leben, was eine »Fahrraddistanz« hätte. Bars, Restaurants, Gym und Supermärkte sind alle fußläufig zu erreichen, und wenn ich in eine andere Stadt muss, nehme ich das Auto. Also fahre ich weiter mein klappriges Damenrad für die ganz wenigen Gelegenheiten, in denen ich das Rad wirklich brauche – oder leihe mir vom nahen Hotel ein Rad und gebe dem Besitzer dafür beim nächsten Mal einen Kaffee aus.

»Gut genug« ist besser als »perfekt«.
Perfektion gibt es ohnehin nicht, und das Streben nach ihr führt nur zum Unglücklichsein. Mein Damenrad ist nicht perfekt, aber gut genug, und die Auswahl bei unserem örtlichen Fahrradhändler macht mich schon via Schaufenster ganz

nervös. Der zerbeulte Fiat ist auch noch gut genug, und es ist zu beobachten, dass das Auto – möglichst neu und möglichst schnell – als Statussymbol in den nachrückenden Generationen immer mehr ausgedient hat. Zu meiner Zeit hat man noch jahrelang auf den Führerschein gespart, und ich kenne bis heute die PS-Zahlen und Beschleunigungswerte vieler Automodelle auswendig.

* * *

Und jetzt noch etwas ganz Wichtiges: Die Vermeidung von *decision fatigue* soll natürlich nicht dazu führen, dass ihr gar keine Entscheidungen mehr fällt. Ihr solltet nur nicht mehr so viel Zeit mit den vielen unwichtigen täglichen Entscheidungen verlieren und dafür mehr Zeit in die wenigen wirklich wichtigen Entscheidungen investieren.

Der Garten als Geldanlage: Investieren nach dem Italien-Prinzip

Vor ein paar Wochen urlaubte ein Freund von mir in Grado. Einmal, als ich ihn zum *aperitivo* abholte, blickte er auf die vielen Autos mit deutschem (und österreichischem) Kennzeichen auf dem Hotelparkplatz. »Wenn unsere Wirtschaft nachlässt, dann wird das auch Italien spüren«, meinte er nachdenklich. Die Sonne schien, der Wein wartete, der Tisch im Lieblingsrestaurant war gebucht – keine Ahnung, woher plötzlich dieser melancholische Anflug kam, aber das mag ja auch eine etwas deutsche Sache sein.

Der Satz ist in vielerlei Hinsicht korrekt. Deutschland ist Italiens größter Handelspartner weltweit, und auch die Millionen von Touristen, die jedes Jahr aus dem Norden kommen, lassen viel Geld im Land.

Aber der Satz ist auch fundamental falsch. Denn wenn es den Deutschen schlecht gehen sollte, geht es zuerst den Deutschen schlecht. Es ist ja schön, dass wir so viel Geld gespart und unseren fleißig verdienten Lohn vorausschauend investiert haben – etwa in Bausparverträge, Rentenzusatzversicherungen und Kapitallebensversicherungen. Erinnern wir uns aber daran, dass die Deutschen, diese grundsoliden Wirtschafter und

Sparfüchse, in den letzten 110 Jahren vier Mal ihre Währung verloren haben. Und wenn es hart auf hart kommt und die Versorgungssysteme zusammenbrechen, dann könnt ihr ja mal versuchen, mit der Police eurer Kapitallebensversicherung ein paar Nahrungsmittel für euch und eure Familie zu kaufen.

Ihr kennt vielleicht die Truthahn-Theorie. Nassim Nicholas Taleb, Professor für Risikoforschung und ehemaliger Börsenhändler, entwickelte sie in seinem Bestseller »Der Schwarze Schwan«.[52] Der Truthahn bekommt das ganze Jahr über wunderbares Essen und wird gehegt und gepflegt, sein Wohlbefinden steigt von Tag zu Tag, er glaubt sich beim Farmer in besten Händen – und dann, am Tag vor Thanksgiving: zack, Kopf ab. Das Federvieh kommt vom bestmöglichen in den denkbar schlechtesten Zustand. Taleb behauptet nun, dass Aktienmärkte und sogar die menschliche Geschichte genauso funktionieren. Wer hundert Tage lang Gewinn gemacht hat, kann nicht davon ausgehen, dass er am hundertersten Tag ebenfalls Gewinn macht. Nur weil es in der Vergangenheit bergauf ging, geht es nicht immer so weiter, sondern es folgt unweigerlich ein tiefer Fall. Jede Prognose ist daher nichtssagend. Ein weiteres Beispiel: Nur weil wir in Deutschland in den letzten 70 Jahren keinen Krieg hatten, heißt das nicht, dass es in den nächsten 70 Jahren so weitergeht. Politische und wirtschaftliche Systeme sind laut Taleb extrem instabil, und Vergangenes erlaubt keine Aussage über die Zukunft. Im Gegenteil: Taleb weist sogar nach, dass profundes Wissen über die Vergangenheit schädlich sein kann. Auch E. J. Smith musste das erleben. »Ich fahre seit 40 Jahren zur See«, schrieb der erfahrene Kapitän. »Ich habe nie ein Schiff untergehen sehen. Ich bin nie in Seenot geraten. Ich bin niemals in irgendeine auch nur entfernt gefährliche Situation geraten.«[53] Zwei Jahre später übernahm er das Kommando auf der *Titanic* …

Denken wir also einfach mal – *German Angst*, ihr wisst schon – an schlimme Ereignisse, die eintreten könnten: an den Zusammenbruch der Infrastruktur, an einen Terroranschlag mit ABC-Waffen, an eine Naturkatastrophe.

In Italien gab es auch während der Kriege und in den schlimmsten ökonomischen Krisen keine Hungersnöte – anders als in Deutschland, den Niederlanden und Großbritannien etwa in den Folgejahren des Zweiten Weltkrieges und des berüchtigten Hungerwinters von 1946/47 mit monatelangen Minustemperaturen im zweistelligen Bereich.

Und diese mediterrane Krisenresistenz hat mit der ländlich geprägten Selbstversorgung zu tun, die in Italien immer noch weit verbreitet ist. Die Hecken sind nicht so hübsch geschnitten wie bei uns, dafür gibt es viele Obstbäume, Olivenbäume, Gemüsebeete, oft einen Hühnerstall. Auch Großstädter in Mailand oder Rom haben zumeist Verwandtschaft auf dem Land, die sie regelmäßig mit frischen Produkten aus dem Garten versorgt. Meine Freunde rollen oft die Augen, wenn in der Spüle wieder eine Plastiktüte mit frischem Grünzeug liegt, weil irgendein weitläufiger Verwandter vor der Tür stand. Natürlich, das Klima hilft. Aber das soll für uns Deutsche keine Ausrede sein.

Gerade in Süditalien ist die Vorratshaltung vorbildlich: Tomatensoße, Marmelade, Oliven, eingelegtes Obst, in Öl eingelegtes Gemüse, Kräuter sowieso. »Kilometer Null« – das heißt, die Produkte stammen aus der Region, haben also nur wenige Kilometer zurückgelegt – gilt hier schon seit Generationen, auch wird nichts weggeschmissen.

Hans-Olaf Henkel hat den Wirtschaftsraum des Mittelmeers einmal abschätzig als »Olivenländer« bezeichnet. Mich hat diese Bezeichnung immer fasziniert, denn mit einem Olivenbaum im Garten kann man sich zwar keine Mercedes-Benz-Aktien leisten, aber man kommt vermutlich besser durch ganz harte Zeiten als mit diesen bunten Papierschnipseln, von denen irgendwann einmal ein Staat behauptet hat, sie seien genau jenen Betrag wert, der darauf abgedruckt ist.

Über eine Hungersnot im ländlichen Rom schreibt im zweiten Jahrhundert nach Christus der Arzt Galenos von Pergamon: »Die Menschen essen Fenchel, Kerbel, Chicorée, Karotten, Meerrettich und die jungen Wurzeln vieler Sträucher und Bäume.« Ein solcher Salat kostet heute im Szenelokal 19,90 Euro. Sie haben sich also vorbildlich vegan ernährt – so wie es gerade im Prenzlauer Berg, im Schanzenviertel oder im Lehel angesagt ist.

Viele von uns können sich noch an Oma und Opa erinnern, die mit viel Mühe kleine Beete anlegten oder aus dem Gartenobst Marmelade kochten. Wäre es, dachten wir damals, nicht viel billiger, sich Möhren und Marmelade im Supermarkt zu besorgen? Tja, Oma und Opa waren weise Leute. Sie hatten nämlich noch Krieg und Hunger miterlebt.

Wenn ihr also italienischer leben wollt, legt euren Garten nicht nur als Zierfläche an, sondern kümmert euch um ein paar nützliche Sträucher und Bäume, die Essbares produzieren. Wenn ihr auf dem Land wohnt oder viel Platz habt, ist ein eigener Hühnerstall überhaupt keine abwegige Idee. Der amerikanische Schriftsteller P. J. O'Rourke hat sich Hühner zugelegt und empfindet das Saubermachen, das zweimal im Jahr erfolgen muss, als eine der befriedigendsten Arbeiten, die er je machen durfte. Auch wenn das »Saubermachen« nichts anderes bedeutet, als viele, viele Kilo Hühnerkot zu schaufeln.[54]

Und die *Washington Post* meldete 2018, dass Hühner in Kalifornien das neue Statussymbol seien. Es gilt als schick, das Federvieh in Hof und Garten zu pflegen, Workshops zur perfekten Haltung werden angeboten, das Futter ist bio und teuer, und sogar den Beruf des *chicken whisperer* gibt es. Die Silicon-Valley-Elite zahlt für Hühner mit lückenlosem Stammbaum bis zu vierstellige Summen, und sogar Verkehrsschilder, die mahnen, auf kreuzende Hühner Rücksicht zu nehmen, sind bereits aufgetaucht.[55]

Ihr habt nur einen Balkon oder eine Terrasse? Auch kein Problem, selbst hier lassen sich Obst und Gemüse anbauen. Ihr müsst ja nicht gleich einen Komposthaufen in der WG-Küche anlegen, wie es kürzlich der Autor Martin Schlak versuchte – und sich anschließend über Würmer unterm Schreibtisch wunderte.[56] Das ist dann doch eher was für die ganz harten Klimaretter. (Im Übrigen müsstet ihr den Kompost für den Komposthaufen theoretisch auch noch einmal trennen – Zwiebelreste und Kartoffelschalen sollten lieber klassisch weggeworfen werden, Kaffeesatz, Möhrenreste und Eierschalen dürfen dagegen rein.)

All das ist nicht nur eine Krisenintervention, sondern sorgt auch für eine bessere Ernährung der ganzen Familie. Und das ist eine zwar anstrengende, aber eben auch sehr glücklich machende, sinnstiftende Arbeit.

Und wir selbst? Familie Maiwald hat gerade begonnen, Oliven ihrer eigenen Bäume einzulegen. Fast dreihundert Gläser sind es geworden. Die Kinder beschwerten sich, dass sie über mehrere Wochen nicht in die Badewanne konnten, weil dort die Zuber mit der Salzwasserlake standen. So mussten sie duschen – und wir haben auch noch Wasser gespart!

Also, los geht's, und denkt an das italienische Sprichwort: »Mani callose, mani virtuose« – »Schwielige Hände, geschickte Hände«!

Unsere Heldinnen und Helden: Martha Mulsers Kraut und Rüben

Sie leben im Paradies. Und sie wissen es. In aller Ruhe watscheln sie durch die Beete, schnabulieren fröhlich und erledigen ihren Job mit Hingabe. Sie sind glücklich, und wären sie anatomisch dazu in der Lage, würden sie wahrscheinlich ein Liedchen pfeifen.

Indische Laufenten sind die wichtigsten Helfer von Martha Mulser. Denn, wie jeder Gartenbesitzer weiß, sind Schnecken der Feind jedes Beetes, jeder mit Liebe gehegten und gepflegten Pflanze. Doch es gibt ja die Indischen Laufenten. Quak, Schnapp, Quak, Happ, Quak.

Garten ist eine unzulässige Untertreibung für die Pracht, die sich hier am Pflegerhof in 800 Meter Höhe und über mehrere Terrassen unterhalb der Seiser Alm in Südtirol ausbreitet. Der vielfältigste Kräuterhof des Alpenraums bietet 10 Rosmarin- sowie 15 Basilikum- und Lavendelarten, 60 Minze- und 100 Salbeisorten, viele exotische Varianten von Oregano, Majoran und Schnittknoblauch – es ist eine Freude und eine olfaktorische Abenteuerreise. Offiziell ist von insgesamt 500 Sorten die Rede, doch die tatsächliche Zahl dürfte viel höher sein, wie schon ein Blick ins hauseigene Register zeigt.

Dass es zu dieser ungeheuren Pflanzenvielfalt kam, war ein Zufall. 1911 hatte Großvater Mulser den Hof gepachtet, 1928 gekauft. Nach dem Krieg richtete man eine Gästewohnung ein, die damals noch »Fremdenzimmer« hieß. Im Sommer hatten die Mulsers regelmäßig eine deutsche Familie zu Gast. Die führte ein Reformhaus – damals eine exotische Sache –, und am Abend, beim Wein, unterhielt man sich. Schlagworte wie »Kilometer Null« und »Nachhaltigkeit« waren zwar noch unbekannt, aber die heute so beliebte Vorsilbe »Bio« begann bereits in einigen Köpfen zu reifen.

Also legten die Mulsers 1982 ihre ersten Kräuterbeete an. Erst mal nur für den Eigenbedarf. Es zeigte sich schnell: Die ganze Familie war mit einem grünen Daumen gesegnet. Die Beete wuchsen und wucherten. Marthas Mann, viel zu früh verstorben, hat den Um- und Aufstieg nicht mehr mitbekommen. Aber als er schwer krank war, beschwor er seine junge Frau, diese Idee mit den Kräutern weiterzuführen. »Dann kannst du hierbleiben, musst nicht mehr in die Stadt fahren zum Arbeiten«, sagte er. Gut, dass Martha auf ihn gehört hat.

Denn in jeder Saison kamen neue Kräuter, Blüten und Gewürze hinzu, schließlich ein großes Gewächshaus, ein neuer Anbau, schließlich ein hübscher Shop oberhalb der Beete. 20 000 Quadratmeter ist der Kräuterhof inzwischen groß, und auch die vierte Generation hat sich problemlos eingefügt. Der erste vollständige Satz, den Tochter Cornelia mit drei Jahren sprach, lautete: »Ich werde Gärtnerin.« Nun hat sie ihre Ausbildung hinter sich und kümmert sich mit Passion und Sachverstand um die Beete.

Dem Besucher bieten sich Szenen wie aus einer paradiesischen Vergangenheit: Arbeiter mit Strohhüten und Schubkarren kreuzen den Weg, der mächtige Schlern (2 563 Meter) wacht über den Hof und all die Pflanzen, die in Mischkulturen wachsen. Das heißt: Zitronenbasilikum steht nicht etwa neben dem Genueser Basilikum, sondern ganz woanders, neben der Melisse oder mitten im Rosmarin. Dieses Durchmischen tut den Pflanzen gut und sorgt zudem dafür, dass bei einem lokalen Hagelschaden nicht plötzlich Basilikum oder Petersilie komplett eliminiert werden.

Apropos Unwetter: Wer sich das Leben auf der Alm allzu romantisch vorstellt, der hat noch nie bei einem Gewitter in den Bergen rausgemusst – nachts um drei den Mantel übergestreift, Gummistiefel angezogen und geschaut, dass sich nirgendwo Wasser staut, dass keine Ausschwemmungen oder Erdabgänge drohen. Dies nur als kleine Warnung für alle, die von der Romantik des selbstversorgenden Landlebens träumen.

Martha Mulser hat eine besondere Beziehung zu ihren Gewächsen – wie könnte es auch anders sein? »Jede Pflanze will uns etwas sagen«, glaubt sie. »Wenn wir im Wald spazieren gehen und eine Blume sehen, dann löst das etwas in uns aus.«

Von den Beeten führt Martha Mulser durch den neu gestalteten Verkaufsraum. Nicht nur Kräuter, Blüten und Gewürze, sondern auch die Samen werden verkauft, die sich als besonders robust und anpassungsfähig erwiesen haben. Wer seinen eigenen kleinen Kräutergarten anlegen will, findet hier die ideale Grundlage.

Und was es alles gibt! Bestseller ist der »Gut-Ruh-Tee«, der mit einem Mix aus Melisse, Eibisch, Lavendel, Hopfen und Nachtkerze zu einem erholsamen Schlaf verhilft. Den können all jene gut gebrauchen, die den Weg zum Pflegerhof zum ersten Mal zurücklegen. Die scharfen Serpentinen sind ebenso malerisch wie herzrhythmussteigernd, denn ein entgegenkommender Milchlaster kann auf der engen Bergstraße ein nahezu unlösbares Problem darstellen. Aber keine Sorge: Im Verkaufsraum steht immer eine frisch gebrühte Kanne Tee bereit.

Geldanlage: Warum ihr nicht das tun solltet, was euch (fast) alle raten

Ich habe eine Schwäche für US-amerikanische Ratgeberbücher mit schmierigen Titeln, etwa »Die 4-Stunden-Woche« von Tim Ferriss[57] oder, mein aktueller Liebling, »I Will Teach You to Be Rich« von Ramit Sethi.[58]

Sethi ist neben seinem Bestseller auch berühmt für seinen Blogartikel »Feilsche wie ein Inder«, was mich an meine Schwiegermutter erinnert, die bei geschäftlichen Transaktionen, sei es nun mit der Marktfrau oder mit dem Autohändler, stets eine Spur der Verwüstung hinterlässt.

Jedenfalls rät Ramit Sethi dringend vom Kauf eines Hauses oder einer Wohnung ab und rät zur Miete. Das Geld solle lieber in Aktien angelegt werden. Immerhin empfiehlt Sethi nicht Einzelaktien, sondern vor allem Index- oder ETF-Fonds, jene Fonds, die genau den DAX oder den Dow Jones »abbilden«, also ihr Portfolio so bestücken, wie auch die jeweiligen Marktindizes zusammengesetzt sind. Das passiert automatisch, sodass man auch an den Gebühren fürs Fondsmanagement spart. In den letzten 30, 40 Jahren haben diese Indizes im Schnitt acht Prozent pro Jahr gewonnen. Zweifellos eine stolze Zahl.

Hier ist das Problem: Ich erinnere noch einmal an den armen Truthahn oder an den Käpt'n der *Titanic* aus dem Kapitel »Der Garten als Geldanlage«. Nichts, aber auch gar nichts garantiert, dass alles immer so weitergehen wird, wie es in den letzten Jahren war.

Italiener haben, wie bereits erwähnt, in Bezug auf ihre Behausungen eine Eigentumsquote von 80 Prozent, mit eine der höchsten in Westeuropa. Wirtschaftswissenschaftler und Finanz-Optimierer stöhnen darüber. Nicht nur deswegen, weil auf diese Weise das Geld gebunden ist. Damit fehlt es den Italienern auch an Flexibilität und Mobilität – angeblich so wichtige Eigenschaften in der modernen Welt. Es fällt ihnen schwerer, in eine andere Stadt zu ziehen, nicht nur, weil sie ein Haus an der Backe haben, sondern weil es in der anderen Stadt zudem praktisch keinen Mietmarkt gibt. Und auch das ist ein Grund, warum viele 30-Jährige noch bei *mamma* wohnen: Der Umzug findet erst dann statt, wenn das Eigenheim (samt dem Ehepartner) gefunden ist.

Wenn die Aktienmärkte weiterhin nur nach oben klettern würden, dann wäre Sethis Ratschlag gut und richtig. Aber wer weiß? Nicht wenig – etwa die dramatischen Staatsverschuldungen überall – spricht für eine drohende Rezession. Eine echte Rezession kann Jahre, sogar Jahrzehnte anhalten. Und am Ende ist es so: Ein Dach über dem Kopf ist wie Essen und Trinken nun einmal eines der überlebenswichtigen Dinge.

Die Insel Grado, auf der ich wohne, hat zwei Kriege, eine faschistische Diktatur und sogar einen Staatenwechsel (von Österreich-Ungarn nach Italien) mitgemacht. Und ihr werdet es nicht glauben: Die Fischerfamilien wohnen noch immer in dem Haus, das einst ihr Ur- oder Urur- oder Urururgroßvater in der Altstadt gekauft hat. »Der Stein hat dich nie betrogen«, sagen die Italiener.

Der Besitz einer Wohnung oder eines Hauses mag in der heutigen Zeit der verführerischen Fonds, Zertifikate und Festgeldanlagen total altmodisch und unsexy klingen. Aber wenn ihr mich fragt: Es ist gar nicht mal so unwahrscheinlich, dass die Italiener recht haben und Ramit Sethi unrecht.

Hört mir doch auf mit FIRE

Reden wir zunächst von zwei Köchen, obwohl wir auch so ziemlich jeden anderen Berufsstand hernehmen könnten. Der eine heißt Bernard Loiseau. Er eröffnete im Burgund ein Lokal, das bald sehr berühmt wurde. Also musste er, so besagt es ja die Regel, expandieren. Er musste unbedingt auch ein Restaurant in Paris eröffnen, dazu kamen eine Feinkost-Linie, Beratungsaufträge in aller Welt, Bücher, TV-Auftritte, Stress. Er verzettelte sich, die Qualität der Gerichte ließ nach, er häufte Schulden an und bekam Depressionen. Es folgt leider keine muntere Pointe: 2003 erschoss er sich, weil ihm der Restaurantführer »Gault Millau« zwei Punkte gestrichen hatte und auch der »Guide Michelin« einen seiner drei Sterne einkassieren wollte. (Zumindest glaubte er das, tatsächlich hatten die Michelin-Männer das gar nicht vor.)

Der andere heißt Jamie Oliver – einer der neuen Superstars und den meisten von euch bekannt. Ein feiner Kerl, im elterlichen Pub groß geworden. Setzt sich für gesunde Ernährung an den Schulen ein. Ein großer Freund italienischer Küche, und sein Italien-Kochbuch ist gar nicht mal so schlecht. Doch auch er übertrieb, und zwar maßlos: Seine Restaurantkette (ja, *Kette*) ist pleite, 1 300 Mitarbeiter müssen sich wohl einen neuen Job suchen.

Was treibt die Menschen bloß an, immer mehr und mehr zu wollen? Zu investieren, zu wachsen?

Finanzielle Unabhängigkeit ist ja was Schönes – aber nur dann, wenn man das ohne 16-Stunden-Tage, Drogen und zerbröselnde Partnerschaften hinbekommt. Welchen Sinn hat ein hoher Kontostand, wenn das Leben im Eimer ist? Bei Jamie gibt es noch Hoffnung, dass er die Kurve kriegt. Er muss ja nicht wieder zurück in den elterlichen Pub, aber warum es nicht bei einem Restaurant belassen, ein Kochbuch pro Jahr schreiben, ein bis zwei TV-Auftritte pro Jahr statt ganzer Kochshow-Serien?

In Italien geht es nicht um Ausdehnung und Delegierung. Sondern um das Kleine, Feine, Gute im Hier und Jetzt. Das wisst ihr ja inzwischen.

Kommen wir zu FIRE. Das ist der derzeit heißeste Slogan auf dem Ratgebermarkt. »Financial Independence – Retire Early«. Finanziell unabhängig, früh in Rente* – dieses Ziel haben sich Hunderttausende gesetzt. Sie geben jetzt Vollgas, um möglichst früh sorgenfrei in Rente gehen zu können. Und warum auch nicht?

Darum nicht:

Punkt 1: Für eine ungewisse Zukunft knechtet ihr euch jetzt. Ich habe überhaupt nichts dagegen, mit etwas klugem Investment dafür zu sorgen, dass man es später guthat. Doch die echten FIRE-Anhänger schreiben täglich ihre Ausgaben auf, verkneifen sich einen guten Cappuccino am Morgen, leben ein frugales Leben voller Tiefkühlkost und Null-Sterne-Luxus. Das kann es doch nicht sein, oder?

* Auf Deutsch können wir es ja ab jetzt FUFIR abkürzen. Mal sehen, ob sich das durchsetzt.

Punkt 2: Warum soll man überhaupt früh in Rente gehen? Würde euch das Leben als Ruheständler wirklich glücklich machen? Oder würdet ihr nicht lieber etwas tun, was euch befriedigt – und das dafür ein Leben lang?

Punkt 3: Natürlich gibt es auch in Italien nicht nur Traumjobs. Aber es gibt ja auch in der westlichen Welt nur wenige, die sich FIRE tatsächlich leisten können. Wenn man schon so viel Energie auf seine Lebensplanung verwendet, könnte man auch jetzt damit anfangen, nicht nur seine Finanzen in Ordnung zu bringen, sondern sich vielleicht auch mal fragen, ob es der aktuelle Job wirklich bringt.

Punkt 4: Was den Beruf angeht, gibt es zwei Möglichkeiten. Entweder ihr seht euren Job ganz pragmatisch als Methode zum Geldverdienen. Ihr kommt und geht pünktlich, ihr arbeitet genau das, was ihr müsst, ihr lasst euch nicht auf Scharmützel mit den Kollegen ein, eine Karriere ist euch weitgehend egal. Ihr genießt lieber die Freizeit, die ihr habt. Und in dieser Freizeit macht ihr genau das, was euch Spaß macht (vielleicht ergibt sich daraus ja ein netter Nebenjob?). Oder aber ihr liebt euren Job und gebt Gas. Arbeitet länger und, wenn es sein muss, am Wochenende. Schafft euch richtig rein. Das ist ebenso völlig in Ordnung, denn es ist doch etwas Wunderbares, wenn der Job der eigenen Passion entspricht.

Was saudumm wäre: einen ungeliebten Job mit viel zu viel Aufwand betreiben. Das sehe ich leider ziemlich häufig, und das ist einfach keine gute Idee. Außer für die FIRE-Anhänger. Die würden 30 Jahre oder mehr unglücklicher, aber einigermaßen gut bezahlter Strampelei hinnehmen, um mit Anfang 50 oder noch früher reich alles hinter sich zu lassen.

Gemäß dem Italien-Prinzip ist das Idealbild so: Es geht darum, sich mit viel Liebe einer einzigen Sache, und sei sie noch so klein, zu widmen. Insofern haben italienische Hand-Werker beinahe eine zenartige Herangehensweise ans Leben. Sie wollen nicht in einem anonymen Betrieb malochen, sondern führen die väterliche (oder mütterliche) Tradition weiter. Und basteln hinten im Laden an ihrer ganz persönlichen Mona Lisa – der perfekten Ledertasche, der Wurfangel mit Korkgriff, der köstlichen Pasta, dem Edel-Rennrad …

Zurück zum Essen: Die wenigsten italienischen Köche träumen davon, ein weltumspannendes Imperium zu schaffen. Sie träumen erst einmal davon, die bestmögliche Pasta der Welt zu machen. (Obwohl, zugegeben, TV-Sendungen wie »Masterchef« schon viel verdorben haben, und auch italienische Spitzenköche neuerdings mehrere Kochbücher schreiben, eigene TV-Shows übernehmen, zu Gast in anderen TV-Shows sind und zudem Werbung für industriell hergestellte Kartoffelchips und Pastasoßen sowie für Badezimmereinrichtung machen.)

Köche freuen sich, wenn ihr Laden läuft. Und wenn die Söhne und Töchter im Haus mitarbeiten. Und wenn man sich jeden Abend, wenn die letzten Gäste gegangen sind, mit der Familie zum späten, verdienten Abendessen zusammensetzt.

Hier geht es nicht um Expansion, um Delegieren. Hier geht es darum, etwas zu machen, worin man aufgeht. Und das, solange man kann, und nicht bis zu irgendeiner Pensionsgrenze oder gar nur bis Ende vierzig.

Giro d'Italia und Lob des Handwerks

Etwas verwundert stellen Reisende aus dem Ausland immer wieder fest, dass Italiener den Radrennsport lieben. Gerade an Sonntagen werden kleine Dorfplätze häufig von Grüppchen bunt gekleideter, hagerer Gestalten belagert, die mit ihren Rennradschuhen knirschend über den Asphalt wanken, einen Espresso und ein Glas Wasser trinken und sich dann wieder aufs Rad schwingen. Die schweißtreibende Fortbewegung scheint doch so gar nicht mit dem lässigen, von Siestas durchzogenen mediterranen Dasein kompatibel zu sein. Wie passt das bloß zum Dolce Vita – und zu unserem Italien-Prinzip?

Beginnen wir die Spurensuche nicht im Sattel, sondern am Tresen, beim Frühstück an einem beliebigen Morgen in einem der vielen kleinen Cafés des Landes. Die Kaffeemaschinen fauchen und pressen das heiße Wasser mit viel Druck durch die mit Kaffeepulver gefüllten Siebträger, die Mikrowellen klingeln und entlassen dampfende *cornetti* mit Marmeladenfüllung. Das frühstückende Italien krümelt bevorzugt auf die Seiten der *Gazzetta dello Sport.* Sie liegt kostenlos in jedem Café aus und wird von einem zum anderen gereicht. Keine Zeitung prägt Italien stärker, dies- und jenseits des Sports.

Bevor wir also über das Radfahren reden, müssen wir uns mit dieser Zeitschrift beschäftigen. Die *Gazzetta* wurde am 3. April 1896 gegründet und entstand aus der Fusion der Fahrradzeitungen *La Tripletta* und *Il Ciclista,* was uns dem eigentlichen Thema schon näher bringt. Die ersten Jahre wurden die Nachrichten auf lindgrünem Papier gedruckt, erst im Jahr 1900 entschied man sich fürs unverwechselbare Rosa. Die Blattmacher, allesamt Radfans, riefen diverse Rundfahrten ins Leben, etwa die Lombardei-Rundfahrt (1905), Mailand–San Remo (1907) und den Giro d'Italia (1909). Das rosa Trikot war als Marketing-Gag naheliegend, aber es vergingen 22 Jahre, bis jemand diese Idee hatte.

Als die *Gazzetta* ihr hundertjähriges Jubiläum feierte, wurde der Giro in Athen gestartet, zur Erinnerung an das gemeinsame Gründungsjahr mit den modernen Olympischen Spielen. Zum Geburtstag gratulierte auch Papst Johannes Paul II., der »den volkstümlichen Charakter und das hohe literarische und sittliche Niveau« der Zeitung hervorhob;[59] die italienische Post brachte eine Sondermarke heraus. Im Ausland lebende Italiener lesen die *Gazzetta* häufiger als jede andere Zeitung: Das zeigt die integrative Kraft des Blattes. Die tägliche Auflage liegt bei mehr als 600 000 Exemplaren, am Wochenende werden mehr als 800 000 Zeitungen abgesetzt, bei Großereignissen geht es locker über die Millionenschwelle.

Kommen wir nun zum Giro d'Italia, denn die *Gazzetta,* der Giro, das Radfahren und das italienische Volk sind untrennbar miteinander verwoben. Der Stellenwert des Radfahrens hat seinen Ursprung auch in der Nachkriegsgeschichte. So wie die Deutschen nach dem Zweiten Weltkrieg dank Sepp Herberger, Fritz Walter und Helmut Rahn 1954 im Wankdorfstadion ihr »Wunder von Bern« und damit eine Art nationale Wiederauferstehung feiern durften, gab es in Italien Fausto Coppi und Gino Bartali, die mit ihren Siegen bei den großen Radrundfahrten der in Trümmern liegenden Nation neues Selbstbewusstsein einimpften. Coppi, Spitzname »Il Campionissimo«, gewann fünf Mal den Giro d'Italia und zwei Mal die Tour de France; 1952 siegte er in Frankreich mit so gewaltigem Vorsprung, dass die Organisatoren ihn fürs nächste Jahr gar nicht mehr einluden, weil sie befürchteten, seine Dominanz werde das öffentliche Interesse an der Rundfahrt ersticken. Eine andere Konkurrenz, jene zwischen Coppi und Bartali, sorgte für das Goldene Zeitalter des italienischen Radsports. Die Nation teilte sich in »Bartalisten« und »Coppisten« auf, war aber in ihrer Liebe zu den großen Rennen geeint.

Ein oft übersehener zweiter Grund für die Radsportbegeisterung Italiens – und hier sind wir haargenau beim Italien-Prinzip angelangt: die Liebe zur Ästhetik, verbunden mit erstklassiger Handwerkskunst. Masi, Cinelli, Colnago, Pinarello, Chesini, Rossin, De Rosa (bei deren Designs schon einmal Pininfarina mithalf), Olmo, Gios – bei diesen Namen seufzen Rennrad-Enthusiasten vor Wonne. Exzellent ausgebildete Spezialisten, die per Hand wertvolle Einzelstücke fertigen: Auch das ist Italien. In den konsequenter durchindustrialisierten Ländern wie Deutschland oder England wären solche Hinterhof-Betriebe schnell gegen die Wand gefahren oder von Großfabriken geschluckt worden. Tatsächlich ist es ein großes italienisches Problem, dass die Wirtschaftskraft auf so vielen Kleinunternehmen ruht, was die weltweite Vermarktung der Produkte schwierig macht, ob beim Olivenöl oder beim Wein, ob beim Boots- oder beim Rennradbau. Aber diese konzentrierte Handarbeit an wertvollen Einzelstücken ist genau das, was Italiener glücklich macht. In Deutschland, England oder den USA würde der begabte Sohn des Radlbauers Ingenieurwissenschaften studieren, einen hochbezahlten Job bei einem Autozulieferer annehmen und ein Leben in einem nach 30 Jahren abbezahlten Einfamilienhaus in den Vororten verbringen, statt das Geschäft seines Vaters fortzuführen. Finanziell besser gestellt? Vermutlich. Glücklich? Vielleicht. Aber entwurzelt und entfremdet.

Unsere Heldinnen und Helden: José Noé und seine Haselnüsse

Mit jeder Kurve abwärts nimmt der Duft zu. Es ist, als würde man wie auf dem Jahrmarkt an einer Steilwand immer tiefer in ein Nutellaglas fahren. Denn José Noés Betrieb liegt zu Füßen einiger Hügel. Betrieb ist beinahe ein zu großes Wort: zwei Schuppen, eine überdachte Terrasse für Gäste. »Nocciole« steht auf einem Schild an der Hauswand. Gerade war eine Gruppe von Schweizern da, auf dem Tisch steht noch ein kleiner Snack: Bananenscheiben, mit Haselnusscreme bestrichen. José schiebt den Teller rüber. Köstlich! Das erinnert an den Banana-Split-Geschmack der Achtzigerjahre, und »Comfort Food« ist ja gerade wieder schwer angesagt.

Doch bevor es um die Nuss geht, muss José Noé kurz telefonieren. Er faltet einen Lieferanten zusammen, der eine Bestellung vermasselt hat. Sein piemontesischer Dialekt ist für Italiener, die nicht aus der Region sind, völlig unverständlich und klingt sehr französisch. Womit wir beim Namen wären. Noé stammt unverkennbar von den Cousins von drüben – den cugini d'oltralpe, *wie die Franzosen hier heißen. Aber José? José zuckt mit den Schultern. »Der Name ist hier sehr beliebt, im Ort gibt es einige, die so heißen.«*

Der Ort, das ist Lequio Berria, zwanzig Minuten außerhalb der Trüffelmetropole Alba. Hier herrscht José Noé über 40 Hektar, auf denen so manches wächst, darunter 16 000 Haselnussbäume. Die Bäume gab es schon länger, aber erst vor einigen Jahren kam José Noé auf die Idee, mit den Schätzen auf seinem Grund selbst etwas anzufangen. Vom Fach war er ja, hatte er doch beinahe zwei Jahrzehnte in der Forschungsabteilung von Ferrero gearbeitet, dem größten Arbeitgeber der Region. Irgendwann beschloss José, die Nüsse, die seine Familie bis dahin stets ungeschält an Großbetriebe weiterverkaufte, selbst zu veredeln.

José Noé ist ein rauer, bodenständiger Bursche, dichtes Haar, 57 Jahre alt. Hinten im Gemüsegarten werkelt sein Vater. 93 Jahre. Auf einem Traktor. Apropos Ahnen: Auch wenn man immer nur von José Noé spricht, heißt doch die Azienda »Papa dei Boschi« – »Papst der Wälder«. Warum? José hat eine Erklärung: Einer seiner Vorfahren – die Familie lebt seit mindestens zehn Generationen an einem Fleck – hatte auf einer Pilgerreise nach Rom eine Tiara erstanden, die der des Papstes ähnelte, und spazierte daraufhin stolz mit ihr durch die Wälder, worauf er von den Dorfbewohnern den Spitznamen erhielt, der bis heute blieb.

Klar: Man muss schon ein bisschen verrückt sein, um seine berufliche Zukunft in die Hände einer Haselnuss zu legen, doch das liegt offenbar in der Familie. Es war ein Wagnis, zumal Josés Wille zur Perfektion keine Kompromisse zulässt. Schon die Ernte im Juli und August ist extrem arbeitsaufwendig, denn man pflückt nicht direkt vom Baum – der zwischen acht und fünfzehn Kilogramm Nüsse tragen kann –, sondern wartet auf den freiwilligen Fall. Das klingt bequem, doch man muss wachsam sein wie ein Luchs, denn liegt die Nuss erst einmal am Boden, muss schnell reagiert werden, weil sie nicht die Feuchtigkeit des Bodens aufnehmen oder gar Schimmel ansetzen soll, was ihr einen muffigen Ton verleihen würde.

Nach der Ernte werden die Haselnüsse millimetergenau nach Größe sortiert. Grundsätzlich werden sie zwischen 13 und 20 Millimeter im Durchmesser, aber nach einem Siebverfahren werden nur jene zwischen 17 und 20 Millimeter weiterverarbeitet. Sie sollen ja gleichmäßig durchrösten. Alle kleineren Haselnüsse gehen in die Industrie. Dann wird geschält, anschließend unter Infrarot bei 150 Grad für 30 Minuten geröstet. Der Duft, der Duft, ach! Anschließend kühlen die Nüsse ein paar Minuten ab, werden noch einmal von zwei Augenpaaren auf einem Sortierband geprüft und dann flink vakuumverpackt, um das Aroma zu bewahren, welches sich etwa ein halbes Jahr hält. Alle Geräte wurden nach Josés Plänen gebaut – eine Wahnsinnsinvestition für ein Geschäft, das letztlich nicht viel mehr als ein paar lausige Cent abwirft. Immerhin: Die Schalen dienen mit ihrem hohen Ölgehalt als hervorragendes Heizmaterial.

Es duftet nicht nur betörend, sondern auch der Geschmack der Nuss ist unvergesslich: zart, freundlich, unaufdringlich, ganz fern von den typischen Bitteraromen gekaufter Nüsse. Was macht die Piemonteser Haselnuss so besonders? Es ist das Terroir in Kombination mit dem Klima. Die Haselnuss mag es feucht und nicht allzu heiß, aber auch nicht allzu frostig.

Die piemontesische Haselnusssorte heißt Tonda gentile, *eine geschützte Herkunftsbezeichnung.* Gentile *bedeutet in diesem Fall nicht »freundlich«, sondern »vornehm« oder »edel« – die »runde Edle« also.*

José Noé behandelt sein Produkt mit ganz besonderer Zuneigung. Einst wurden Haselnussbäume nur 25 Jahre alt, dicht an dicht gepflanzt. Sie kannibalisierten einander und machten irgendwann schlapp. José aber gibt ihnen Luft und Platz, sodass sie ein Alter von weit über hundert Jahren erreichen können und mithilfe ihres größeren Wurzelwerks umso köstlichere Früchte produzieren. Kein Witz: José kann schmecken, von welchem Hang die Nuss kommt.

Weil José die Haselnuss so sehr schätzt, stellt er nicht allzu viel mit ihr an. Hauptprodukt sind die geschälten und gerösteten Haselnüsse, die im Versand 7,50 Euro pro 200 Gramm kosten.

»Zum Wein«, sagt er, »gibt es nichts Besseres.« Außerdem bietet er noch gehackte Haselnüsse an, die er gern über Fleisch streut, die sich aber auch für allerlei dolci *eignen. Das Königsprodukt ist die* Pasta di Nocciole, *ein Mus mit exakt einem Inhaltsstoff, nämlich der Haselnuss. Mit ihm kann man alles Mögliche anstellen, unter anderem beispielsweise hervorragendes Eis machen. Außerdem produziert er noch die* Crema di Nocciole, *die hausgemachte Nougatcreme mit Zucker, Milchpulver, Kakao und Vanille.*

Übrigens hieß Ferreros berühmter Brotaufstrich Nutella einst Supercrema, bis Pietro Ferrero 1964 den Namen änderte. Supercrema wäre ein passender Name für José Noés köstliche Rezeptur. Bloß, dass er dafür viel zu bescheiden ist.

Lob des Handwerks, Teil 2: Sind Friseure die großen Gewinner?

Wirtschaftsfachleute schauen sich bei der Bewertung eines Landes nicht nur die typischen Statistiken zum Thema Kaufkraft und Bruttoinlandsprodukt an, sondern auch ganz abseitige Dinge, etwa die Zahl der verkauften Rolex-Uhren, die Kosten eines Hamburgers – oder eben eines Haarschnitts. Der Big-Mac-Index ist vielleicht der berühmteste Index von allen: Erfunden hat ihn die Zeitschrift *Economist* im Jahr 1986, und bis heute ist der Index valide, um Währungen miteinander zu vergleichen. Alle Preise für einen Big Mac vor Ort werden in US-Dollar umgerechnet und miteinander verglichen. Warum ein Big Mac? Weil er überall gleich gemacht wird und praktisch überall zu erhalten ist. Brotlaibe wären viel schwieriger miteinander zu vergleichen, und Butter oder Milch werden nicht auf der ganzen Welt konsumiert. Umgerechnet kostet ein Big Mac in der Schweiz 7,54 Dollar, und damit ist der Franken im internationalen Vergleich erheblich wertvoller als beispielsweise der Dollar, denn in den USA kostet der Burger nur 4,79 Dollar, in Russland gar nur 1,36 Dollar – ein Indiz für den schwachen Rubel. Ein Schweizer könnte also für das gleiche Geld, für das er in Zürich einen Burger bekommt, in Moskau sechs Stück kaufen. Anders ausgedrückt ist der Betrag, den ein Schweizer für einen Burger ausgibt, auf dem Weltmarkt viel mehr wert als der Betrag, den andere Nationen für einen Burger ausgeben müssen. Genau deswegen gehen derzeit viele Schweizer gern im Ausland einkaufen, etwa in Deutschland oder in Italien. Sie bekommen dort einfach mehr für ihr Geld.

Der Rolex-Index dagegen lässt aus der Zahl der verkauften Uhren pro Jahr und Einwohner Rückschlüsse auf das ökonomische Wohlergehen eines Landes zu. Allerdings hat dieser Luxus-Index Schwächen, wie man am Bankencrash in Island 2011 sah: Es kam zu regelrechten Panikankäufen von teuren Uhren, weil man in ihnen eine sichere Geldanlage sah und den Banken nicht mehr traute – wohl kaum ein Indiz für eine gute Wirtschaftslage.

Auch der Preis eines Haarschnitts ist eine sehr wichtige ökonomische Größe, weil es sich um eine jener Dienstleistungen handelt, die nicht exportiert werden können. Man kann ihn nicht im Internet bestellen oder downloaden, und es wurden auch bislang keine schnelleren Scheren erfunden – ein Friseur macht seine Arbeit immer noch genauso wie vor 30 Jahren. Und tatsächlich ist, während vieles andere dank besserer Produktionsmethoden inzwischen günstiger zu haben ist, der Preis eines Haarschnitts in den Industrienationen in relativen Zahlen zehn Prozent teurer geworden als noch vor einer Generation. Ökonomen glauben, dass unersetzliche menschliche Dienstleistungen jeder Art, vom Friseur über den Schreiner bis zum Zahnarzt, sich in den nächsten Jahren weiter verteuern werden.

Damit haben wir einen weiteren kleinen Mosaikstein des Italien-Prinzips: Langfristig haben die Italiener recht. Sie leben länger, besser, gesünder – und scheinen mit ihrer Wertschätzung des Handwerks sogar noch einen Weg gefunden zu haben, die Roboterrevolution zu überstehen.

Braun gebrannte Avantgarde

Ein mediterraner Archetyp ist der *bagnino.* Alles an ihm ist so typisch, dass man den Begriff kaum ins Deutsche oder Englische übersetzen kann, denn ganz sicher ist ein *bagnino* mehr als ein Bademeister oder ein Strandwächter. Jedenfalls vereint er vieles von dem, was uns italienisch vorkommt. Die Lässigkeit. Die Souveränität. Das Sich-nicht-aus-der-Ruhe-bringen-Lassen. Die flirtive Grundeinstellung. Das blau-weiß geringelte Shirt und die Zigarette im Mundwinkel.

Was genau ist ein *bagnino*? Er ist der Boss in Bezug auf einen bestimmten Strandabschnitt, hat also nicht nur die Badeaufsicht, sondern kümmert sich auch um die Verteilung der Sonnenschirme und Belegung der Kabinen. Er ist außerdem der Wetterfrosch, dessen Autorität niemand anzweifelt. Er hilft mit Sonnencreme und Mückenspray aus, manchmal auch mit einem Feuerzeug und einem Frisbee, und lässt sich mit den älteren Damen gern auf einen Plausch ein. Ihr würdet nicht glauben, was diese älteren Damen einem *bagnino* so alles erzählen.

Tipp meines klugen Schwiegervaters: dem *bagnino* zu Beginn des Urlaubs ein schönes Trinkgeld geben, dann wird, falls Besuch kommt, diskret ein Extraliegestuhl herbeigeschafft.

Es ist nicht so, dass der *bagnino* ein Tunichtgut ist. Meist ist er beschäftigt, und allein die gemeingefährliche Aufgabe des Liegestuhl-Aufstellens und -Zuklappens verdient Anerkennung. Daher erkennt man einen *bagnino* auch immer an den Pflastern an den Fingern, vor allem zu Beginn der Saison, wenn noch nicht jeder Handgriff sitzt.

Der *bagnino* ist ein wichtiger Teil des Sommers, wie ein freundlicher Nachbar, ein Gesellschaftleister, ein Kumpel auf Teilzeit, mit dem man über Fußball und Frauen reden kann. Ja, er ist beinahe Teil der Familie, denn in seinem Strandabschnitt gibt es ja Stammkunden, die sich untereinander kennen, und auch er selbst betreut stets dasselbe Areal (siehe auch »Der Strand, aber auf italienische Art«).

Auf der Insel Grado, wo ich lebe, muss der *bagnino* nicht einmal die Badeaufsicht führen, das bleibt dem *bagnini di salvataggio* überlassen, von denen es wiederum zwei Arten gibt: jene, die den Sommer im Hochsitz verbringen, und jene, die draußen in roten Ruderbooten dümpeln. Viel gibt es für die *bagnini di salvataggio* nicht zu tun, denn an der oberen Adria ist das Wasser so flach, dass es einerseits nahezu unmöglich ist, darin zu ertrinken, und zum anderen sind auch noch nie Haie gesichtet worden, weil die das flache, warme Wasser nicht mögen und wahrscheinlich auf ihren Schwanzflossen balancierend auf Beutezug watscheln müssten, was den für Jäger so wichtigen Tarneffekt stark vermindern würde.

Jeder *bagnino* verfügt über einen eigenen Verschlag, der hier in Grado aus kühlem Beton besteht. Das dunkle Büro ist mit einem Stuhl, ein paar Zeitschriften und einer kleinen Kühlbox für den Eigenbedarf ausgestattet, denn auch ein *bagnino* hat mal Pause. Oft kommen auch die *bagnini di salvataggio* bei den *bagnini* vorbei, oder man trifft sich in der Gluthitze des Mittags zum gespritzten Weißwein an der Strandbar.

Ob *bagnino* oder *bagnino di salvataggio*: Die Bezahlung ist lausig, die Aufstiegsmöglichkeiten sind begrenzt, aber so denkt nun mal kein Italiener. So denken nur wir Ausländer mit unseren Karriereplänen.

Manchmal sehe ich österreichische Mittvierziger, die, mit aufblasbarem Badekrempel für den Nachwuchs beladen, an dem *bagnino*-Verschlag vorbeigehen, kurz stehen bleiben und hineinschauen und dann seufzend weitertrotten – zurück zu ihrer plärrenden Familie und dem zweiwöchigen Sommerurlaub, wo die Batterien aufgeladen werden müssen für ein weiteres Jahr im ungeliebten Job. Ich kann keine Gedanken lesen, aber ich bin mir doch ziemlich sicher zu wissen, was diese österreichischen Mittvierziger in diesen Momenten denken.

Schritt für Schritt zum kreativen Kick

Wir haben ja schon gelernt, was für eine Wohltat das Flanieren generell ist. Und auch der Kreativität und Karriere tut es enorm gut.

Beethoven, Darwin, Freud, Dickens, Goethe, Schiller, Tschaikowski, Kant, Flaubert, Hugo, Le Corbusier, Rilke, Theodor Storm und Siegfried Lenz, aber auch Steve Jobs, Mark Zuckerberg und Twitter-Gründer Jack Dorsey – sie alle unternahmen oder unternehmen täglich lange Spaziergänge. Friedrich Nietzsche meinte gar, man müsse jedem Gedanken misstrauen, der nicht »erwandert« sei.

Besonders in Italien wanderten die Genies gern umher: Rilke hat einen nach ihm benannten Wanderweg, den »Sentiero Rilke« bei Duino nicht weit von Triest. Und Johann Gottfried Seume legte 1801/02 auf seiner Reise nach Syrakus die 7 000 Kilometer weitgehend zu Fuß zurück. Sein Buch benannte er schlüssigerweise »Spaziergang nach Syrakus im Jahre 1802«.[60]

In beinahe jeder Künstlerbiografie ist von ausgedehnten Spaziergängen die Rede – mit Ausnahme jener Marcel Prousts, welcher sein »Auf der Suche nach der verlorenen Zeit«[61] praktisch aus dem Bett schrieb. Er litt allerdings an Asthma, Neurasthenie und schweren Depressionen und starb mit gerade 51 Jahren.

Jetzt könnte man einwenden, dass man bis vor wenigen Jahrzehnten ja oft keine andere Wahl hatte, als zu Fuß zu gehen; Autos waren noch nicht erfunden oder nur wenigen reichen Exzentrikern vorbehalten. Aber die kreativen Köpfe gingen einfach so spazieren – und nicht etwa, um sich im nächsten Ort die aktuelle Tageszeitung zu kaufen. Charles Dickens marschierte an manchen Tagen bis zu 50 Kilometer durch London und die Grafschaft Kent. Charles Darwin machte pro Tag gleich drei ausgedehnte Spaziergänge auf einem extra angelegten Pfad über sein Anwesen: einen gleich nach dem Aufstehen, einen zur Mittagszeit und einen am späten Nachmittag. Je schwieriger das Problem war, an dem er knobelte, desto mehr Runden legte er zurück.

Und ein Beispiel aus der Jetztzeit: Jack Dorsey unternimmt mit jedem neuen leitenden Angestellten in der ersten Woche einen ausgedehnten Spaziergang durch San Francisco, um ihn mit den Prinzipien seiner Firma vertraut zu machen.

Spazierengehen ist nicht nur in der Natur, sondern auch in der Stadt etwas ganz Besonderes. Während sich Radfahrer auf den engen Wegen regelrechte Ritterfestspiele liefern, während der sogenannte Individualverkehr sich in hustenden Stößen vorwärtsschiebt, während jeder Mensch sein Leben irgendwelchen Stundenplänen und Abfahrtszeiten anpasst, genießen wir eine erhabene Solitude. Unser Rhythmus ist der unserer eigenen Schritte. Wir verweigern uns dem großen Geschiebe.

Spazieren als entspannter, eleganter Akt der Rebellion – genau das ist es!

Die spaziergängerfreundlichste Stadt der Welt ist übrigens Venedig. Keine Autos, keine Fahrräder – nur der Widerhall der eigenen Schritte in den engen *calli.* Tatsächlich gilt Venedig, die angeblich (aus-)sterbende Stadt, vielen Visionären und Städteplanern als Vorbild – Individualverkehr gibt es nicht, Lärmbelästigung durch Autos und Lkws (ein lange unterschätztes Thema) auch nicht. Das einzige Problem ist das ewige Rattern der Rollkoffer. Venezianer haben den kleinsten ökologischen Fußabdruck aller Städter weltweit; sie kommen zu Fuß oder mit öffentlichen Verkehrsmitteln zur Arbeit. Die 150 Vaporetti werden zwar mit dem neuerdings verteufelten Diesel betrieben, transportieren dafür aber bis zu 260 Passagiere, Einheimische wie Touristen. Und die Gondeln funktionieren mit Muskelkraft.

Apropos: Auf den nächsten Seiten kommt dazu ein sehr interessanter Karrieretipp.

Mehr *Italianità* ins Leben, Aufgabe VII: Espresso statt Geschäftsessen

Wir sind in der Karrieresektion, also kommt hier ein Karriereratschlag. Italiener sind ein Volk von Kleinunternehmern, daher bekomme ich im Freundeskreis viel von Verhandlungen mit, ob unter Gastronomen, Hoteliers, Beach-Club-Betreibern, Winzern, Musikern, Architekten, Fliesenlegern oder Schreinern. Zudem habe ich in eine Kleinunternehmerfamilie eingeheiratet und somit einen guten Einblick in italienische Geschäftspraktiken. Und: Ein bisschen was muss ich natürlich auch tun, um als Ein-Mann-Armee meine Bücher zu verkaufen. Einmal konnte ich einen Hotelier überreden, mir ein Kontingent von 80 Büchern für seine Gäste abzunehmen. Der Deal fand in einer Bar statt, im Stehen am Tresen, beim *caffè*.

Und damit sind wir schon beim Thema.

Mir ist an der italienischen Business-Attitüde etwas aufgefallen, was wirklich erstaunlich gut funktioniert: Wenn es um wichtige Verhandlungen geht, vergesst Geschäftsessen. Trefft euch zum Espresso an der Bar.

Ein Geschäftsessen ist eine unglaublich steife, formelle Angelegenheit. Bei einem Geschäftsessen hat schnell eine Seite das Gefühl, ein Gefangener der anderen Seite zu sein. Ein gemeinsamer Espresso im Stehen an der Bar dagegen ist luftig, frei und angenehm. Man fühlt sich ungezwungener, einander näher, fast komplizenhaft. Und wenn es dann wirklich ans Eingemachte geht – etwa das Absatz-für-Absatz-Durchgehen eines Vertrages–, dann gibt es ja immer noch das Büro. Aber mal ehrlich: Wie oft wird es schon so konkret? Die meisten Geschäftsessen sind doch eher allgemeiner Art oder es geht dabei um Dinge, für die es keinen gemeinsamen Blick auf Druckerzeugnisse braucht; sonst würde man sich ja erst gar nicht zum Essen treffen, sondern gleich gemeinsam vor einen Computerbildschirm Platz nehmen.

Im Gegensatz zu vielen Vorschlägen in diesem Buch existieren diesbezüglich keine verlässlichen Studien – also solche, die Verhandlungserfolge von Geschäftsessen mit Verhandlungserfolgen nach Steh-Espressi* vergleichen. Wobei es durchaus Studien gibt, die beweisen, dass das Denken und das Kommunikationsverhalten im Stehen besser funktionieren als im Sitzen. Fragt euch doch einmal selbst: Warum wandert ihr wohl bei wichtigen Telefonaten quer durch den Raum? (Wie schon erwähnt, hat eine Studie der Universität Stanford aus dem Jahr 2014 bewiesen, dass das Umhergehen die Kreativität steigert und das Sitzen sie abwürgt.)[62]

Außerdem war ich einige Jahre lang leitender Redakteur und für ein paar Monate sogar Chefredakteur einer Reisezeitschrift. Als solcher war ich bei freien Autoren und Fotografen über alle Maßen beliebt – alle wollten etwas von mir, jeder träumte von der zweiwöchigen Toskana- oder der zweimonatigen Neuseeland-Recherche. Ein Kaffee im Stehen ermöglichte es mir, mich mit vielen Menschen zu treffen, und wenn es funkte,

* Im Deutschen kann es tatsächlich Espressos heißen, weil die Pluralbildung eines ausländischen Worts nach deutschen Regeln erfolgen kann – aber irgendwas in mir sträubt sich dagegen.

konnte man das Ganze ja immer noch vertiefen. Ich habe diese informellen Treffen auch als *capo* immer sehr geschätzt.

Wer sich zum Kaffee trifft, hat zudem mehr Zeit für alles andere, im Zweifel auch für ein zweites oder drittes Treffen. Und die Italiener wissen: Mehr Treffen tragen dazu bei, ein dichteres soziales Netz aufzubauen. Und ist ein dichteres soziales Netz nicht genau das, was wir alle wollen – nicht nur, aber auch für die Karriere?

RICAPITOLIAMO – Zusammenfassung des dritten Teils

Das Italien-Prinzip bedeutet:

- Findet eine Arbeit, die zu euch passt. Und wenn das nicht geht, dann erledigt euren Nine-to-five-Job nach Vorschrift und mit reinem Gewissen und widmet euch anschließend eurer Passion.
- Belastet euch nicht mit zu vielen Entscheidungen.
- Investiert in Aktien und Obligationen und was immer euch Spaß macht. Aber denkt immer auch an einen kleinen Obst- und Gemüsegarten.
- Lernt, so lässig zu sein wie ein *bagnino*.
- Spazierengehen sorgt für eine kreativ gestaltete Karriere.
- Luftiger Espresso statt bedeutungsschweres Geschäftsessen!

IV. ORTE DES GLÜCKS

»Stets wird er heimlich die nordischen Künstler des 19. Jahrhunderts beneiden, die auf Italienreisen nicht nur räumlich, sondern auch zeitlich entrückt wurden; die, kaum in den – zum Beispiel – Albanerbergen angekommen, sorglos die Griffel spitzen konnten, um all die Weinfeste, Volkstänze und Prozessionen festzuhalten, welche dort, der Zahl diesbezüglicher Bilder nach zu schließen, pausenlos von Frauen in Tracht, kühnen gebräunten Burschen, würdigen Alten, schwarzgelockten Kindern und allem möglichen, ebenfalls stets malerischem Getier abgehalten wurden.«

Robert Gernhardt: »Er reist«[63]

Der Strand, aber auf italienische Art

Sonnencreme. Haarspray. Nagellack. Das heiße Plastik der aufblasbaren Gummiboote und aller sonstigen Formen, die gerade modern sind (Delfin, Hai, Flamingo, Smiley, Ananas, Pizza-Achtel, Einhorn). Lauwarmes Bier. Chips. Salzwasser. Algen. Nasser Fels. Nasses Holz. Muscheln und Schneckenhäuser mit Resten drin, zum Beispiel von Einsiedlerkrebsen. Nasse Badehose. Heißer Sonnenschirmstoff. Feuchte Handtücher. Möwenfedern. Zigarettenrauch. Zigarettenstummel. Ketchup. Wassereis. Alter Kaffee. Frischer Kaffee. Aufweichende Druckerschwärze der in der Sonne liegenden Zeitungen. Heißer Sand. Nasser Sand. Parfüm. Schlick. Lippenstift. Gischt. Wassereimer mit gefangenen Krebsen. Trocknende Kinderkescher. Schnellbräuner zum Aufsprühen. Piniennadeln. Windeln, leer und voll. Fahrradsattel. Shampoo. Pfeifenrauch des Österreichers von Kabine 62a. Erdbeerkaugummi. Pizza-Achtel. Chlor vom angrenzenden Erlebnisbad. Mückenspray, biologisch (Zitrone). Rotwein. Kokosnuss (»Coco bello?«). Kartoffelchips.

Ein voller Adriastrand ist für Italiener, was für den Wiener die Kaffeehäuser sind. Kann es etwas Inspirierenderes geben?

Aber es gibt einen großen Unterschied zu uns Nordlichtern. Denn unsere Zeitungen sind im Sommer voll mit horrenden

Bildern italienischer Strände, gern von oben aufgenommen. Wie kann man sich in dem Gedränge nur wohlfühlen, wundert sich der geneigte Leser. Ölsardinen-Assoziationen werden laut. Der gemeine Deutsche träumt ja gern von einer einsamen Bucht, die er nur für sich hat.

Genau diese Vorstellung, schnallt euch jetzt gut an, wäre für Italiener ein Albtraum, und genau betrachtet, sind einsame Badebuchten genauso Fake wie ein Picknick. Beides klingt nur auf dem Papier gut und ist in der Praxis weit entfernt von unseren Träumen.

Schauen wir uns doch die einsame Badebucht einmal genauer an. Kein Kiosk weit und breit mit erfrischenden Getränken. Sonnenschirm und Liegestuhl dürft ihr schleppen, wenn ihr nicht sieben Stunden unter der sengenden Sonne im glühend heißen Sand braten wollt. Die Getränke – klar, die müsst ihr auch herbeiwuchten. Herrlich, in der Wärme schmeckt das Wasser bald nach dem Plastik, von dem es umgeben ist. Hunger? Hoffentlich habt ihr ausreichend Obst und Brote mitgenommen. An die Sonnencreme habt ihr gedacht, oder? Und Toiletten? Gibt es nicht, und wenn ihr kleine Kinder dabeihabt, wird auch das Wickeln auf dem Badetuch ein körniges Abenteuer. Ach ja, wohin mit der alten Windel und den sonstigen Abfällen? Richtig, die müsst ihr wieder mitschleppen. Zumindest hoffe ich, dass ihr das tut.

Von den ökologischen Auswirkungen, mit der Familienkutsche überhaupt erst einmal zu einer einsamen Badebucht zu gelangen – wäre sie leicht zu erreichen, wäre sie ja nicht einsam –, will ich gar nicht erst anfangen.

Für Italiener wäre ein einsamer Strand so uncool wie eine einsame Disco. Sie wollen Leben, Trubel, Service. Sie wollen eine kleine Bar mit kleiner Speisekarte und gekühlten Getränken und einer Toilette. Sie wollen Leute und Leben um sich herum. Und recht haben sie.

Noch ein wichtiger Tipp zum Strandleben kommt von Aziz Sancar von der Universität North Carolina. »Wenn Sie sich unbedingt bräunen müssen, dann tun Sie es am Morgen.«[64] Bei Mäusen stellte sich heraus, dass sie unter morgendlicher UV-Bestrahlung mehr Tumore entwickeln als jene, die sich am Abend der Strahlung aussetzen mussten. Weil Mäuse nachtaktiv sind, müsse man für den Menschen genau die umgekehrte Schlussfolgerung ziehen. Proteine, die beschädigte DNA-Stränge reparieren, sind in unserem Körper tagsüber aktiver als nachts. Also wäre es gut, sich eher am Vormittag der Sonne auszusetzen – anschließend kann unser Körper besser regenerieren.

Italiener gehen übrigens sehr klug und zugleich sehr ungeniert mit Sonnenlicht um. Zwar würde sich keiner von ihnen ohne Sonnenschirm an den Strand legen, wie das deutsche Bräunungsfanatiker verblüffenderweise recht gern tun. Gleichzeitig werden italienische Kinder nicht so dick mit Sonnenmilch eingeschmiert, dass sie schon von Weitem leuchten. Und in der größten Hitze und heftigsten Sonneneinstrahlung halten die Italiener im Gegensatz zu den Deutschen sowieso eine schattige Siesta unterm Schirm oder im Hotelzimmer.

Italiener haben natürlich auch den Vorteil der sanften Gewöhnung, weil sie ohnehin übers Jahr öfter draußen sind. Also – bloß raus mit euch!

Das süße Leben im Sand – eine Anleitung für uns Ausländer

Für viele Italiener ist der Strand wie ein zweites Zuhause. Für die meisten von uns leider nicht. Daher kommen hier ein paar Tipps, wie ihr das Beste aus euren Urlaubstagen im Süden macht.

Italienische Kinder haben von Mitte Juni bis Mitte September Sommerferien, und vielerorts ist es noch heute üblich, dass sie mit Mama, Oma oder Tante in dieser Zeit komplett ans Meer umsiedeln. Der Vater (oder die berufstätige Mutter) kommt am Wochenende dazu, und der August wird dann gemeinsam unter dem Sonnenschirm verbracht. Der Feiertag »Ferragosto«, der 15. August, in Deutschland als Mariä Himmelfahrt bekannt, ist in Italien nicht nur aus kirchlichen Gründen heilig: Wer nicht gerade im Gastgewerbe arbeiten muss, liegt an diesem Tag auf einem Badetuch. Daher zwei Warnungen: Erstens wird es an jenem Tag – und in der Woche, die auf diesen Tag hinführt – sehr voll. An »Ferragosto« wird es aber auch sehr nass. Denn an vielen Stränden kommt es traditionsgemäß zu Wasserschlachten, und irrlichternde Geschosse wie mit Wasser gefüllte Luftballons, Eimer oder Einkaufstüten können auch unbeteiligte Urlauber treffen. Also darauf achten, dass das Handy wasserfest verstaut ist!

Wenn auch die moderne Arbeitswelt und knappere Familienkassen diesem allzu ausufernden *dolce far niente* immer mehr entgegenstehen: Der Strand ist definitiv nichts, was ein Italiener nur ein paar Tage im Jahr sieht, sondern integraler Bestandteil der Freizeitgestaltung.

Das italienische Strandleben ist eine eigene Welt. Das erklärt, warum viele Italiener am Strand immer so elegant aussehen. Sie laufen nicht in alten Flip-Flops und ausgebeulten Shirts herum, die man sich doch eher für die Gartenarbeit aufheben sollte. Die Herren tragen Mokassins, dazu ein frisches, bis zu den Ellenbogen aufgekrempeltes Hemd, die Damen weite, luftige Kleider, die nebenbei auch geschickt eventuelle Pölsterchen verbergen. Direkt in Badehose zum Strand – das kommt allenfalls für Kinder infrage. Auch für die Einnahme eines Snacks an der Strandbar gehört es sich, zumindest ein Hemd und eine trockene Badehose anzuziehen. Die Italiener zelebrieren die Strandtage, warum sollten Touristen das nicht auch tun?

Reisende aus dem Norden, für die der Strand etwas Außergewöhnliches ist, tappen schnell in einige Fallen. Erstens wird an den ersten Urlaubstagen immer die Sonne unterschätzt. Selbst bei bewölktem Himmel kann man sich einen kräftigen Sonnenbrand holen. Zweitens reicht eine Flasche Wasser nicht für die ganze Familie aus. Man sollte entweder schon mit einem großzügigen Vorrat anrücken oder nicht am falschen Ende sparen und die Strandbar aufsuchen. Was uns zum Thema Alkohol führt, der in der Hitze besonders heftig wirken kann. Daher sollte drittens dieser tagsüber nur sehr mäßig konsumiert werden, auch wenn die Vorstellung eines bunten Cocktails unter dem Sonnenschirm allzu verlockend ist.

Italiener nehmen oft große Kühlboxen mit an den Strand, die einen perfekten Imbiss für die ganze Familie enthalten. Und: Wer einmal einen Hochsommertag am Strand verbracht hat, wird die Erfindung der Siesta schätzen. Italiener ziehen sich in der Mittagszeit gern in die kühle Wohnung oder ins Hotel zurück. Gerade für kleine Kinder ist diese Pause wichtig, aber auch ältere Leute riskieren Schwächeanfälle, wenn sie der windstillen Mittagshitze trotzen wollen.

Viele Badestrände sind zugleich Beach Clubs. Das heißt, dass der Zugang zum Meer ein paar Euro kostet, ebenso der Sonnenschirm und die Liegen. Die Preise variieren stark je nach Saison. Falls ihr in einem Hotel wohnt, fragt dort nach günstigen Paketen, möglicherweise kooperiert das Hotel auch mit einem der Beach Clubs.

Und denkt an den Tipp meines Schwiegervaters: Gebt dem *bagnino* am ersten Tag ein schönes Trinkgeld.

Dahindämmern in der gleichen Liege

Mit dem *bagnino* weiter vorn habe ich euch ja gewissermaßen schon vorgebräunt, und das ist gut so, denn für dieses Kapitel werde ich ordentlich Ärger bekommen. Also, haltet euch fest: Ich glaube nämlich nicht daran, dass Reisen bildet. Ich glaube nicht daran, dass häufiges Reisen an möglichst verschiedene Orte uns mehr von der Welt verstehen lässt oder uns zu besseren Menschen macht. Oh ja, es gibt viele Genies, die viel gereist sind. Es gibt aber auch viele Genies, die das nicht getan haben. Reisen bildet? Immanuel Kant, der größte Denker, den Deutschland je hervorgebracht hat, hat sein Leben lang Königsberg nicht verlassen. Nicht einmal am Meer, eine halbe Stunde entfernt, war er jemals. Und Shakespeare hat großartige Dramen verfasst, ohne je in Verona oder im Staate Dänemark gewesen zu sein.

Das Reisen in seiner heutigen Form wird überschätzt. Das traut sich bloß keiner zu sagen. Denn in unserer Welt zählen ja nur noch Grenzgänge, Trubel, Abenteuer, Blicke von Klippen, schwarze Abfahrten und spektakuläre Sonnenuntergänge der Santorin-Klasse, alles *instagrammable.*

Ich will aber auf Reisen keine Abenteuer erleben, keine Wüste auf dem Rad durchqueren, nicht mit dem Rucksack durch Skandinavien trampen und nicht einmal, falls das schon als Abenteuer zählt, auf einem marokkanischen Markt um einen Fetzen Stoff feilschen. Auch auf die abenteuerlichen Erfahrungen in südosteuropäischen Ein-Sterne-Herbergen sollte man, meine ich, guten Gewissens verzichten dürfen. Ich glaube nicht daran, dass Reisen per se guttut oder uns gar zu besseren Menschen macht.

Ich glaube eher daran, dass das wiederholte Reisen an ein und denselben Ort jede Menge Vorteile hat. »Spießer« ist wahrscheinlich noch das Harmloseste, was ich mir von Reisefanatikern anhören muss. Aber ich wage mich trotzdem todesmutig an dieses Tabuthema heran.

Dafür möchte ich euch Timo vorstellen. Er ist ein guter Freund von mir und lebt das Leben, das vielleicht vielen von euch als Ideal vorschwebt. Er und seine Lebensgefährtin sind Lehrer, die vierjährige aufgeweckte Tochter hat einen entzückenden schwedischen Vornamen. Manchmal stecken sie ihr ein Gänseblümchen ins blonde Haar, und alle seufzen vor Verzückung. Und natürlich haben die drei einen VW-Bus, den sie sich zum Van umgebaut haben und mit dem sie in den Urlaub fahren. Und Urlaub haben sie reichlich. Lehrer halt. Ich sage nur: #vanlife. Dieses Hashtag hat eine so große Karriere gemacht, dass der *New Yorker* ihm kürzlich einen vierseitigen Artikel widmete. »#Vanlife dreht sich um Unabhängigkeit und Freiheit, gepaart mit Instagram-Fotos von Ozeanen, Sonnenuntergängen und Bikinis«, kommentiert die Autorin Rachel Monroe.[65] Hört ihr den Sarkasmus aus der Druckerschwärze herausknistern? Was als Versuch eines einfacheren Lebens begann, wurde zum Lifestyle-Trend. Und wer dabei sein will, muss sich Mühe geben.

Genauso ist es bei Timo. Er gestand mir: »Es ist ein verdammter Stress!« Dann erklärte er es genauer. Als #vanlife-Jünger bist du ein Getriebener. Du hast immer die Sorge, dass hinter der nächsten Kurve ein noch besserer Parkplatz, noch ein idyllischeres Waldstück, noch eine schönere Bucht lauert. Du bist ewig auf der Suche, und das setzt dich ordentlich unter Druck. »Wir planen alles viele Wochen im Voraus«, sagt Timo, »um genau das zu vermeiden. Aber dann sitzt du im Bus. Und denkst: Ach komm, schauen wir noch mal ein paar Kilometer weiter. Dann ist es plötzlich Abend, es ist dunkel, und du bist durchgeschwitzt und genervt.«

Ist das noch Urlaub oder schon Besessenheit?

Es ist sehr wichtig, nicht zu reisen: Das klingt seltsam, ich weiß, schließlich arbeite ich auch als Reisejournalist und lebe davon, dass ich Menschen in die Ferne schicke. Aber das ist nicht die ganze Wahrheit, denn ich habe mich ja auf Italien beschränkt. Ich bewege mich in konzentrischen Kreisen von etwa fünf Stunden Auto- oder Bahnfahrt rund um meine Heimat, was ganz Norditalien umfasst und außerdem bis etwa in die Toskana, an die kroatische Küste und natürlich in den Norden bis nach München reicht.

Ich bin mir ganz sicher, und diesen Satz dürft ihr euch ausschneiden und an die Kühlschranktür heften: Allein zwischen München und Florenz gibt es so viele Dinge zu entdecken, dass ein Leben dafür nicht ausreicht.

Nur wer reist, versteht die Welt, lese ich immer. Ein zweiwöchiger Thailand-Urlaub, und ihr habt begriffen, wie Ostasien tickt? Ich glaube nicht. Ich lebe seit zwanzig Jahren in Italien und verstehe erst jetzt die verschiedenen Nuancen des Lebens.

Ohnehin hat der im Deutschen so positiv besetzte »Urlaub« einige Schattenseiten. Er kann in schwierigen Zeiten sogar eurer Partnerschaft den Rest geben. Die australische Anwaltskanzlei Slater & Gordon, spezialisiert auf Familienrecht und eine der größten Kanzleien weltweit, befragte 2 128 verheiratete und geschiedene Paare, die einen Urlaub mit dem Ziel unternommen hatten, eine Ehekrise zu kitten. Nur 36 Prozent gaben an, der Trip habe geholfen. 40 Prozent befanden, die Probleme seien schlimmer geworden, 27 Prozent ließen sich innerhalb von zwei Wochen nach der Rückkehr scheiden. 15 Prozent gaben an, erst der Urlaub habe ihnen gezeigt, dass sie nicht mehr verliebt seien, und resolute acht Prozent brachen die Reise gar vorzeitig ab. »Viele Paare glauben, die Urlaubszeit, in der es weniger Alltagsstress gibt, könne die Eheprobleme lösen«, sagt die Scheidungsanwältin Amanda McAlister, »aber weil ein Urlaub nur ein artifizielles Umfeld gewährt, verschwinden die Probleme nicht einfach, sobald man wieder im normalen Leben angekommen ist.«[66] Zudem bietet ein Urlaub weniger Fluchtmöglichkeit vor Konflikten als der Alltag – mitunter kracht es im engen Hotelzimmer erst richtig.

Ich möchte euch noch von anderen Freunden erzählen, von Hilke und Olli. Fantastische Eltern mit drei fantastischen Kindern. Sie reisen viel herum, vor allem in den Oster- und Herbstferien werden Kurztrips in wechselnde Großstädte gebucht, mit viel Kulturprogramm, ob die Kids wollen oder nicht. (Interessanterweise ziehen sie gut mit, zumindest versichern mir das Hilke und Olli glaubhaft.)

Aber im Sommer, da kommen sie rigoros für drei Wochen zu uns nach Grado. Legen sich an den Strand, lesen, lassen es sich gut gehen, vertilgen abends Pasta, Fisch und Weißwein. Sie *entschleunigen,* wie Frauenzeitschriften das wohl nennen würden. Und verbringen einen Urlaub ganz ohne Stress, den sie sich auch verdient haben.

Das ist ein Kompromiss, mit dem ich leben könnte.

Mehr *Italianità* ins Leben, Aufgabe VIII: Urlaubt am selben Ort!

Ich erzähle euch jetzt von der Gang der gelben Sonnenschirme.

Der Standort des eigenen Sonnenschirms am Strand ist eine brisante Angelegenheit. Während viele, mich eingeschlossen, es doch höchst bedenklich fänden, die nächsten 35 Sommer ihres Lebens neben exakt den gleichen Personen zu verbringen, ist der Italiener ein Philanthrop. Meine Schwiegermutter hat seit fast vier Jahrzehnten denselben Sonnenschirm und dieselbe Kabine am Strand von Grado. Nummer 64a, letzte Reihe, falls ihr sie einmal besuchen wollt. Alle Nachbarn sind seit etwa der gleichen Zeit dabei. Plätze werden von Generation zu Generation weitergeben, denn je niedriger die Nummer, desto prestigereicher die Kabine, denn desto näher befindet sie sich am Ortszentrum. Unsere Nachbarn kennt meine Schwiegermutter schon seit der Zeit, als sie noch nicht stubenrein waren.

Die Sonnenschirme stehen je nach Strandbreite sieben bis zehn Reihen tief und wechseln zur besseren Orientierung alle zehn Längsreihen die Farbe. Meine Schwiegermutter gehört zur Gang der gelben Sonnenschirme. Damit sind etwa zwei Dutzend Familien gemeint, die sich den Strandabschnitt untertan gemacht haben. Mit großen Kühlboxen wird das Terrain gegen Eindringlinge abgesteckt, dann gehen die Tageszeitungen reihum. Mittags wird ein Stündchen geschlafen, nachmittags rottet man sich unter einem der Schirme zusammen und spielt Karten. Kinder jeglichen Alters und Geschlechts sind hier perfekt aufgehoben, und interessanterweise machen sie offenbar auch die ersten erotischen Erfahrungen mit Gleichaltrigen innerhalb der Gruppe. Abends geht man dann zu einer der Familien essen, jede ist mal dran. Das führt zu einer mitunter anstrengenden sozialen Leistungsschau. Man will sich ja nicht nachsagen lassen, knausrig zu sein – in Italien völlig zu Recht eine Todsünde.

Jedes Jahr im Januar macht die Strandverwaltung für eine Woche ihre Büros auf, sodass Frühbucher für den Sommer ihre Lieblingskabine des Vorjahres erneut reservieren können. Keiner der Gang der gelben Sonnenschirme musste sich allerdings je anstellen. Ich habe nie ganz verstanden, warum – bei Langzeitbewohnern scheint ein Anruf zu reichen. Die meisten anderen reihen sich klaglos in Schlangen enormer Länge ein, um eine möglichst günstige – sprich: nahe dem eigenen Sommerapartment gelegene – Kabinennummer zu ergattern. Selbst ein paar Österreicher kommen extra über verschneite Alpenpässe runtergefahren, um sich einen sorglosen Sommer zu sichern.

Was ich aber erst jetzt begriffen habe: Es geht nie nur um das Prestige der tiefen Nummern. Es geht tatsächlich darum, den gesamten Urlaub zu einem einzigen, entspannenden Ritual werden zu lassen, ohne jeglichen Stress. Es sei denn, ihr seid für eure Gang mit dem Kochen dran. Aber selbst das bekommen Italiener ja immer erstklassig hin – egal, wie groß die Tafel ist.

Schiebt die Stühle vor die Tür!

Eines der Geheimnisse des guten italienischen Lebens ist ganz schlicht das Draußensein. Bis ins 19. Jahrhundert verbrachten die Menschen viel Zeit unter freiem Himmel. Entweder arbeiteten sie auf den Feldern, oder sie mussten zu ihrer Arbeitsstelle zu Fuß gehen; auch jeder Einkauf und natürlich der Weg zur Schule erforderten einen mitunter längeren Marsch. Wer erinnert sich nicht an die abenteuerlichen Erzählungen unserer Großeltern über ihren harschen Schulweg, fünf Kilometer durch Tiefschnee, bergauf in beide Richtungen?

Heute verbringen wir laut *New Scientist*[67] etwa 90 Prozent unseres Lebens im Inneren. Wir bekommen kaum noch natürliches Licht ab, dafür umso mehr Kunstlicht, bei Tag und in der Nacht. Es gibt viele Hinweise darauf, dass uns dieser widernatürliche Rhythmus nicht nur aufs Gemüt schlägt, sondern auch eine echte Gefahr für unsere Gesundheit ist. Der Vitamin-D-Mangel kann offenbar durch entsprechende Präparate nicht ausgeglichen werden, und diverse Herz-Kreislauf- und Autoimmunerkrankungen scheinen ebenfalls mit unser eingeschränkten Lichtaufnahme in Zusammenhang zu stehen.

Italiener haben es, wie auch Griechen und Spanier, gut: Sie können viel mehr Zeit draußen verbringen, denn das

Klima ist angenehm warm, selten beleidigend heiß wie etwa in Nordafrika und selten zu kühl und regnerisch wie nördlich der Alpen. Italiener haben mehr *Draußenmonate* zur Verfügung.

Viel wichtiger aber: Es gibt auch eine Kultur des Draußenseins. Die Ladenbesitzer schieben ihre Stühle vor die Tür, in den Bars sitzt man draußen, am Abend trifft man sich auf der Piazza, der nahe Strand wird im Sommer möglichst täglich besucht, man isst auf dem Balkon und nicht im Wohnzimmer, der entspannte Gang zum Markt ist für viele Hausfrauen und -männer ein tägliches Ritual*. Der Bummel durch die Straßen der Stadt hat in vielen italienischen Orten einen eigenen Namen. Um nur ein Beispiel zu nennen: In Apuliens Hauptstadt Bari ist das *N'dèrre a la lanze,* der gemütliche Bummel über den offenen Fischmarkt am alten Hafen zwischen den Molen von San Antonio und San Nicola, eine Tradition. Man bleibt stehen, plaudert mit den Fischern oder all jenen, denen man so begegnet, nascht die rohen Meeresfrüchte und trinkt ein kleines Bier dazu. Klingt das für euch wie das gute Leben? Für mich schon!

Die Journalistin Florence Williams hat in ihrem Buch »The Nature Fix: Why Nature Makes Us Happier, Healthier and More Creative«[68] jede Menge Gründe gesammelt, die uns nahelegen, jeden Tag ein bisschen mehr Zeit draußen zu verbringen. So scheinen Spaziergänge an der frischen Luft das Kurzzeitgedächtnis zu schärfen. Zeit im Freien senkt das Niveau des Stresshormons Cortisol und sogar den Herzschlag, und Büroangestellte, die zumindest durch das Fenster auf die Natur schauen können, scheinen in ihrem Job zufriedener und weniger gestresst zu sein. Die Natur macht uns weniger anfällig für Depressionen, Gelenkschmerzen, Angststörungen und Bluthochdruck und scheint sich positiv auf unsere Konzentrationsfähigkeit, unser Immunsystem, unsere

* Da haben wir sie wieder, unsere Rituale!

Kreativität und sogar auf unser Augenlicht auszuwirken. Einige Studien deuten sogar darauf hin, dass bei Menschen, die viel draußen sind, auch das Krebsrisiko sinkt.

Schieben wir also die Stühle vor die Tür!

Das Leben auf der Piazza

Die Piazza ist der wahre Wohnort der Italiener. Hier trifft man sich, hier zeigt man sich. Der *caffè* oder der *aperitivo* wird in Gegenwart der Einkaufstasche vom Markt oder vom *Alimentari*-Händler genossen. Kinder spielen Fußball, Jugendliche lungern lässig auf ihren Vespas herum. Beliebte Gesprächsthemen: das Wetter, der Fußball, die korrekte Zubereitung des Abendessens. Ich selbst habe einmal einen halbstündigen Disput über die richtige Zubereitung von *Spaghetti vongole* mitbekommen – es ging um die Frage, ob man Olivenöl oder neutrales Öl nehmen sollte, und ein ortsbekannter Koch, sonst ein großer Olivenölfreund, befand, Olivenöl habe einen viel zu starken Eigengeschmack für die delikaten Venusmuscheln.

Die Piazza, ob im Großstadtviertel oder auf dem Dorf, hat nach wie vor eine ungeheure Anziehungskraft, und die Wohnungen in den Palazzi rund um die Piazza sind fast überall die teuersten. (Das Schlafzimmer, falls ihr euch das fragen solltet, liegt immer nach hinten raus.)

Der amerikanische Autor Bill Bryson erzählt in seinem Buch »Streifzüge durch das Abendland« eine rührende Geschichte: »Anscheinend war es hier üblich, sich nach dem Abendessen zu einem Schwätzchen auf dem Platz zu versammeln. Auf der

Treppe der Kirche hockten die Jugendlichen, während die kleineren Kinder zwischen den Erwachsenen herumtobten. Jeder schien unglaublich glücklich zu sein. Ich sehnte mich danach, dazuzugehören, auf dieser grünen Insel mit der herrlichen Aussicht, den freundlichen Menschen und dem guten Essen zu leben und allabendlich zu diesem schönen Platz zu schlendern, um mit meinen Nachbarn zu plaudern. Ich hielt mich ein wenig abseits und sah den Leuten zu. Wie auf einer Cocktailparty ließen sie sich von einer Gruppe zur anderen treiben, sammelten schließlich ihre Kinder ein und gingen wieder nach Hause; doch dafür kamen andere Leute hinzu. Niemand schien länger als eine halbe Stunde zu bleiben, und dennoch dauerte die Versammlung bis in den späten Abend. Ein junger Mann, offenbar ein Neuling auf Capri, stand schüchtern am Rande einer Gruppe von Männern und lächelte über deren Witze. Doch schon nach wenigen Minuten hatte man ihn in die Runde aufgenommen. Einer der Männer hatte ihn buchstäblich am Arm ins Gespräch gezogen, und bald schwatzte er mit jedermann. Ich stand eine Ewigkeit dort, vielleicht anderthalb Stunden, und als ich mich endlich auf den Rückweg zum Hotel machte, wurde mir klar, dass ich mich bis über beide Ohren, unsterblich und hoffnungslos in Italien verliebt hatte.«[69]

Warum sind Südländer so gastfreundlich?

Diese Draußenkultur erklärt auch, warum Südländer gastfreundlich sind. Jeder hat so eine Urlaubsgeschichte parat: eine Autopanne in Italien, man bittet im nahen Hof um Hilfe und findet sich plötzlich an einer großen gedeckten Tafel wieder. Der gemietete Motorroller macht schlapp, und es dauert keine zwei Minuten, bis ein Kleinlaster hält und sogar einen Umweg bis zur Werkstatt fährt. Zum einen ist die mediterrane Gastfreundschaft wohl auf das Klima zurückzuführen. Es herrscht perfektes Draußenwetter, das Leben spielt sich in den meisten Monaten weitgehend im Freien ab. Man begegnet einander und ist praktisch ständig zur sozialen Interaktion gezwungen, während man im kalten Norden mürrisch vor dem Kachelofen hockt und sein Haus viel seltener verlassen kann. Klar, dass ein Finne nicht so aus sich herausgeht wie ein Italiener. Eine zweite Erklärung: Die Gastfreundschaft eines Volkes verhält sich proportional zu seiner nomadischen Herkunft. Der mediterrane Kulturraum ist bis heute noch sehr arabisch geprägt. Bei den Arabern mit ihrer Nomadenkultur war Gastfreundschaft überlebensnotwendig, was sich bis in die heutige Zeit erhalten hat. Drittens dürfte auch das Christentum, das in Südeuropa noch viel intensiver gelebt wird als im Norden, eine Rolle spielen: Die Bibel fordert das selbstlose Bewirten von Gästen – man erinnere sich an die Geschichte von Sodom und Gomorrha, deren Einwohner zwei Fremde (die sich als Engel entpuppen) davonjagen wollen und dafür grausam bestraft werden.

Erotik im Museum

Auch wenn ihr es nicht so mit Kunst habt: Museen können unverhoffte Glücksorte sein, und das scheint besonders für italienische Museen zu gelten. Vielleicht ist ja das »Rubens-Syndrom« etwas für euch: keine neue Krankheit, sondern eher ein sexueller Impuls, der Besucher von Museen befällt. Eine Studie des Instituts für Psychologie und Psychoanalyse in Rom an 2 000 Museumsbesuchern in ganz Italien hat nämlich festgestellt, dass 20 Prozent der Kulturinteressierten von den gezeigten Bildern und Statuen sexuell stimuliert wurden. Das erotischste Museum soll demnach der Palazzo Doria Tursi in Genua sein, wo auch Rubens-Gemälde hängen – daher benannten die Professoren der Studie das Phänomen nach dem flämischen Maler. Falls ihr derzeit euren nächsten Studienaufenthalt in Italien plant: Auf Platz zwei liegt die Pinakothek Brera in Mailand, auf Platz drei die Galleria d'Arte Moderna in Turin.

Damit nicht genug: Italiener geben an, dass Museen für sexuelle Begegnungen außerhalb des Ehebettes bei ihnen an dritter Stelle liegen, nach Stränden (49 Prozent der Befragten) und Zügen (22 Prozent).[70]

Es ist offenbar aus vielerlei Gründen ein Segen, so viele Kulturschätze zu horten.

Frisches Obst & Unterhosen im Fünferpack

Während in vielen Ländern ein Haus im Grünen das erstrebenswerte Ziel in Sachen Wohnen darstellt, gilt in Italien: je zentraler, desto prestigereicher. Die teuersten Wohnungen sind jene mit Blick auf die Piazza. Und mit Blick auf den Markt. Viele Märkte in Italien finden täglich statt, und so wird auch beinahe täglich frisch eingekauft. Denn ein italienischer Markt macht einfach Lust aufs Einkaufen, ganz ohne die studierten Tricks großer Supermärkte, die uns stets linksherum schicken, die das frische Obst und Gemüse vorn haben und speziell beleuchten, die profitable Produkte in Augenhöhe lagern und dergleichen mehr.

Nein, das Reizvolle auf dem Markt sind die Qualität der angebotenen Ware und das private Geschnatter mit den Händlern. Schnell bilden sich Stammkundschaften heraus, und wann immer ich meine Schwiegermutter auf den Markt begleite, staune ich, was der Gemüseverkäufer alles über mich weiß. Meine Töchter kennt er mit Namen, obwohl sie noch nie mit zum Einkaufen waren, und wahrscheinlich weiß er auch, wie mein schmales Aktiendepot gerade performt.

Und dann gibt es noch den Wochenmarkt, eine von Jahr zu Jahr skurriler werdende Veranstaltung, wo zwischen einigen wenigen Lebensmittelständen Kitsch, Gerümpel und Unterhosen im Fünferpack verkauft werden, zudem Bestecksets, gefälschte Fußballtrikots, Schmuck, Jeans, Bettwäsche, Handtaschen, Spielzeug – alles verdächtig preiswert. Viele der Stände sind fest in chinesischer Hand (jede Ethnie schafft sich im Ausland ihr Geschäftsfeld), aber es gibt auch noch viele Italiener. Der Wochenmarkt in Forte dei Marmi mit italienischen Händlern an der toskanischen Küste ist der größte und bedeutendste in Italien, und hier gehen sogar die feinen Mailänderinnen gern einkaufen. Er findet jeden Mittwoch statt und ist wirklich riesig.

Auch hier gilt: Schnell entwickeln sich persönliche Beziehungen (ob mit Italienern oder Chinesen), es ist wie ein wöchentliches Wiedersehen mit alten Bekannten. Man muss auch nicht immer einkaufen gehen, ein gemütlicher Bummel gehört einfach dazu, wenn der Wochenmarkt im Ort gastiert. Das Geplauder und Gefeilsche ist eine kleine, wohltuende und äußerst belebende Dosis *Italianità.*

Überall eröffnen nun die ersten Supermärkte, in denen wir Kunden selbst scannen und auschecken dürfen. So werden Verkäuferinnen eingespart. Und die sozialen Kontakte heruntergeschraubt. Was für eine Tragik!

Unsere Heldinnen und Helden: Aimo Moroni und seine Lebenslektionen

Strände, Museen – und nun hier? Ja, auch ein Großmarkt kann ein Ort des Glücks sein, selbst wenn es sechs Uhr morgens ist und ich ein halbes Schwein zu streicheln habe. Das halbe Schwein hängt in einem Kühlraum von einem gewaltigen Haken herab und sieht insgesamt eher unvorteilhaft aus. Mein Begleiter ist ganz euphorisch.

»Fühlst du es?«, fragt Aimo Moroni. Der alte Mann streicht mit den Fingerkuppen über die Schweinehälfte, mit einer unglaublichen Zärtlichkeit. Man erwartet fast, dass er das Fleisch gleich nach seiner Telefonnummer fragt. »Ganz frisch, ganz wunderbar«, raunt er.

»Ganz frisch«, sagt er noch einmal. »Wenn sich die Schnittstelle wie Seide anfühlt, dann ist es gut. Wenn es rau ist, dann ist das Fleisch nicht mehr ganz frisch. Das kann man fühlen.«

Aimo Moroni ist der liebe Gott der italienischen Küche. Seit 50 Jahren (ja, 50!) betreibt er sein Restaurant »Il Luogo di Aimo e Nadia« in einer nicht sehr privilegierten Ecke Mailands, ziemlich weit weg vom Zentrum. »Als wir dort angefangen haben, war die Straße noch nicht einmal gepflastert«, erzählt Aimo. Und dennoch kommen die Gourmets in die Vorstadt – zu ihm, dem 85-Jährigen, der noch jeden Tag 14 Stunden arbeitet. Und vor allem ist er noch jeden Tag auf dem Markt. Das unterscheidet ihn von vielen seiner besternten Kollegen, die sich die Ware direkt ins Restaurant liefern lassen. Aimo hält nichts davon, denn er will die Ware möglichst aus erster Hand.

Apropos Hand: Wir sind schon weitergegangen und stehen vor einem Lieferanten, dessen Artischocken sich auf den schräg gestellten Kisten stapeln. »Ah, Artischocken!«, ruft Aimo Moroni aus, als hätte er Amerika entdeckt. Er hält mir seine Faust unter die Nase und spreizt dann die Fingerkuppen leicht auseinander. »Siehst du?«, fragt er. »Die perfekte Artischocke. Nicht ganz geschlossen, nicht ganz offen. Eben so.« Er sucht und findet sie, flachst mit dem Verkäufer – schwer zu sagen, wer von beiden älter ist, aber die Artischocken, die sind jedenfalls frisch. Am nächsten Stand steckt Aimo seine Nase tief in die Steinpilze und nimmt eine Kiste mit. Aimo fliegt über den Markt, ich kann kaum mithalten. Es scheint, als wäre er der einzige Mensch hier, dem die Gabelstapler ausweichen, nicht umgekehrt. Ach ja, Basilikum: Das kauft Aimo nur von einem ganz bestimmten Südhang in Ligurien. Gute Tomaten? Glänzen frisch und tiefrot. Frische Karotten? Bretthart, bloß nicht biegsam. Brokkoli? Muss eher blau als grün schimmern. Zucchini? Die kleinen schmecken am besten. Zwiebeln? Die Schale muss sich leicht lösen lassen. Knoblauch? Fest, prall. Auberginen dagegen weich und nachgiebig. Orangen? In die Hand nehmen. Sie müssen »schwer« sein, dann sind sie frisch und noch voller Saft. Äpfel? Mit Stiel kaufen, dann sind sie aromatischer. Gute Ananas? Riechen süß an der Unterseite. Kiwis? Müssen elastisch sein, dürfen aber nach dem Druck keine Delle haben. Weintrauben? Prüfen, ob der Stiel frisch und biegsam ist. Frischer Oktopus? Blinzelt euch zu. Ja, wirklich: Berührt sein Auge. Es sollte noch eine Reaktion erkennbar sein, dann kommt er direkt aus dem Meer. Außerdem sollte er euch quasi zuwinken können – die Tentakel müssen schön weich sein.

Der Markt in der Via Cesare Lombroso ist mit seinen 440 000 Quadratmetern einer der größten in Europa. Dieser Ort hat nichts

Romantisches. Er ist laut, er ist voll. Waren werden aus Lieferwagen aus- und in sie hineingeladen, Handkarren werden mannshoch mit Kisten bestückt und in bemerkenswerten Balanceakten zu den Lieferwagen auf dem Parkplatz bugsiert, Hubwagen brausen hin und her. 9 000 Menschen sind jeden Morgen hier, davon etwa 3 500 Verkäufer, oft in der dritten oder gar vierten Generation. Ich muss an ein Bild von Fernsehkoch Johann Lafer in einem Italien-Kochbuch denken, wie er mit frisch gestärkter Schürze und einem Weidenkorb voll hübsch arrangiertem, buntem Gemüse »vom Markt kommt«. Er vermittelt gute Laune und Seelenfrieden. Ich glaube, wenn er mit seinem niedlichen Weidenkorb über den Mailänder Großmarkt schlenderte, würde er gleich an den Haken gehängt, ausgeweidet und portionsweise verkauft werden. *

Aimo Moroni ist nicht nur berühmt für seine geradezu pedantische Suche nach Qualität, sondern auch dafür, aus den einfachsten Produkten Großartiges zu zaubern. Sein Königsgericht ist daher lächerlich simpel: Spaghetti mit Tomaten, Peperoncini, Knoblauch, Zwiebeln und Parmesan. Ende. Aber: nur mit den allerbesten Zutaten. Jede Zehe, jede Zwiebel wird eingehend befühlt und begutachtet. Den Teller bietet er seit 50 Jahren an. Aimos Teller ist eines der berühmtesten Haute-Cuisine-Gerichte – so berühmt, dass er bei anderen Spitzenköchen der Welt einfach »Aimos Pasta« heißt und Stammgast Leonard Bernstein die Kreation mit Beethovens Neunter verglich.

Außerdem sagte mir Aimo folgenden wunderbaren Satz: »Paganini ist dazu geboren worden, Geige zu spielen. Ich bin dazu geboren worden, zu kochen.« Er schaffte es, dass das aufrichtig bescheiden klang.

---

* Der Großmarkt ist unter der Woche nicht gerade leicht zugänglich, wenn man sich nicht in Begleitung einer lebenden Legende befindet – aber am Samstag steht er von fünf bis zehn Uhr morgens auch Privatpersonen offen.

RICAPITOLIAMO – Zusammenfassung des vierten Teils

Das Italien Prinzip bedeutet:

- Lernt das Strandleben zu schätzen und überlegt, ob das hektische Umherziehen durch die Welt wirklich euren persönlichen Neigungen entspricht.
- Urlaubt ohne Stress und lasst euch nicht verrückt machen von Instagram und dem Druck, unbedingt etwas Tolles »erleben« zu müssen.
- Draußen ist es immer besser als drinnen. Unternehmt alles, was ihr könnt, um möglichst viel vor der Tür zu sein, weil das dem Wohlbefinden guttut – auch bei Schmuddelwetter.
- Genießt unverhoffte Orte des Glücks, vom Großmarkt über den Friseur bis zum Museum.
- Bucht euren nächsten Urlaub in Italien.

Sprudelnde Quellen, kluge Bücher, hilfreiche Freunde

Ich bin vielen Menschen zu Dank verpflichtet. Zunächst den Freunden und Köchen Roberto Camuffo und Bruno sowie Pino Marin und Alessandro Marin, die mir hier auf der Insel Grado beinahe täglich das Leben zu einem Schlaraffenland machen. Außerdem sind da Vincenzo Elia, der die besten Pizzen macht, Bruno und Bruno mit ihren Beach Clubs, Laura Fortuna und Christian Perosi in ihrem Lokal »Laura e Christian«, wo ich mich mindestens einmal pro Woche verwöhnen lasse. Sie halten mir sogar immer meinen Lieblingsplatz frei. Für die besonderen Momente gibt es die Brüder Allan und Attias im »All'Androna« sowie Franco, Antonio, Eva und Francesca im »Santa Lucia«.

Deborah Gottlieb, Gabriele Heins, Stefan Engert, Philip Artopé, Heinz Grötschnig und Reinhard Modritz schicken mich seit vielen Jahren für ihre Magazine *(Der Feinschmecker, Golf Journal, Alpe Adria Magazin, Traveller's World)* durch Italien.

Gernot Schnedlitz, Anne-Katrin Scheiter, Grit Müller und Susanne Kronester versorgen mich mit immer neuen Reiseführer-Aufträgen, sodass ich dank meiner Recherchen immer *al corrente* bin.

Lianne Kolf und Isabel Schickinger bringen als Verlagsagentinnen meine kruden Ideen vorbildlich in Form, und Katharina Festner und Hannelore Hartmann von dtv haben die meisten meiner Ideen bis zur Buchform begleitet. Mit Eva Stadler habe ich mit »Kulinarisches Italien: 50 Kurztrips für Genießer« eines der spaßigsten (aber auch arbeitsreichsten) Projekte der letzten Jahre angegangen. Hoffentlich folgt bald ein neuer Band mit dieser einmalig kreativen Person!

Lena Woitkowiak ist ein Italien-Fan wie ich und hat den Entstehungsprozess dieses Buches mit viel Enthusiasmus verfolgt. Marketa Görgen hat das Buch mit eleganter *sprezzatura* gestrafft und geordnet.

Ein besonderer Dank gilt meiner Frau Laura, die mich oft genug klaglos in die Weiten des Stiefels entlassen und sich um unsere Töchter gekümmert hat.

Ohne all diese wunderbaren Menschen hätte dieses Buch nicht entstehen können.

Zeitschriften, die hilfreich waren

Meine Kenntnisse zu aktuellen psychologischen, soziologischen und medizinischen Studien, die das Italien-Prinzip seriös untermauern, verdanke ich vor allem den Zeitschriften *New Scientist, Psychology Today* und *Popular Science* sowie in Deutschland *Spektrum der Wissenschaft, Psychologie heute* und *P.M.* (für Letztere schreibe ich selbst) sowie in Italien *Focus* und *Airone.*

Bücher zum Weiterlesen

Manche der im Folgenden aufgeführten Bücher tauchen weder direkt noch indirekt in diesem Buch auf, doch sie haben mich auf die eine oder andere Weise beeinflusst, inspiriert und bestätigt. Und sie sind guter Lesestoff für Italienliebhaber!

Abulafia, David: Das Mittelmeer – eine Biographie, Fischer 2014.

Ackroyd, Peter: Venedig – Die Biographie, btb 2011.

Augias, Corrado: Die Geheimnisse Italiens – Roman einer Nation, C. H. Beck 2013.

Barzini, Luigi: Gli italiani. Virtù e vizi di un popolo, Mondadori 2008 (Erstauflage 1965).

Braudel, Fernand u. a.: Die Welt des Mittelmeeres, Fischer 2013.

Bryson, Bill: Streifzüge durch das Abendland – Europa für Anfänger und Fortgeschrittene, Goldmann 2001.

Buettner, Dan: The Blue Zones, National Geographic 2010.

Cole, John W., und Wolf, Eric R.: The Hidden Frontier, University of California Press 1999.

Cruciano, Emanuela, u. a.: Focus Extra – Il Cibo, Gruner + Jahr/Mondadori 2014.

De Montaigne, Michel: Tagebuch einer Reise nach Italien, Diogenes 2007.

D'Epiro, Peter, und Pinkowish, Mary Desmond: Sprezzatura – 50 Ways Italian Genius Shaped the World, Anchor Books 2015.

Gasparini, Marco (Hg.): Dolce Vita, Logos 2011.

Giacovelli, Beate: 111 Gründe, Italien zu lieben, Schwarzkopf & Schwarzkopf 2012.

Goethe, Johann Wolfgang: Italienische Reise, C. H. Beck 2010.

Isaacson, Walter: Leonardo da Vinci, Simon & Schuster 2014.

Kaminer, Wladimir: Küche totalitär, Goldmann 2007.

Mafai, Miriam: Il sorpasso – Gli straordinari anni del miracolo economico 1958–1963, Mondadori 1997.

Mallet, Michael, und Shaw, Christine: The Italian Wars, 1494–1559 – War, State and Society in Early Modern Europe, Routledge 2014.

Maurer, Golo: Auch ich in Arkadien!, Frankfurter Allgemeine Sonntagszeitung Spezial 26/2019.

Montanari, Massimo: L'identità italiana in cucina, Editori Laterza 2010.

Nathan, Johannes, und Zöllner, Frank: Leonardo – Sämtliche Zeichnungen, Taschen 2019.

Rada, Uwe: Die Adria – Wiederentdeckung eines Sehnsuchtsortes, Pantheon Verlag 2014.

Sparks, Tim: Italian Ways – On and Off the Rails from Milan to Palermo, W. W. Norton & Company 2013.

Sparks, Tim: Medici Money – Banking, Metaphysics and Art in Fifteenth-Century Florence, Profile 2005.

Kochbücher

Dieses Buch ist, wie das Italien-Prinzip selbst, von gutem Essen durchdrungen und duftet nach aufköchelnder Tomatensoße, nach Thymian und Rosmarin, nach Trüffeln und Rotwein – das hoffe ich zumindest. Hier kommt eine völlig subjektive Auswahl von Kochbüchern, die mein Leben bereichert haben. Zuvor noch ein Tipp: Wer ohne Aufwand gut kochen will, sollte auch in Antiquariaten nach Kochbüchern aus den 1980er- und 1990er-Jahren schauen, denn dort kommt man noch ohne moderne, teure Küchenhelfer wie Vakuumierer oder Thermomix aus – und auch ohne exotische Gewürze oder Zutaten, die nur Großstädter problemlos im nächsten Asia-Shop auftreiben können. Und, ganz ehrlich: Oft wird darin noch bedenkenlos mit Butter und Sahne gekocht, so wie es uns heimlich doch immer noch gefällt. Auf Amazon habe ich beim Schreiben dieser Zeilen alle angegebenen Kochbücher gefunden.

Für zaghafte Einsteiger:

»Das große Italien-Kochbuch«, Naumann & Göbel – nur noch gebraucht erhältlich.

»Grundkurs Italienisch kochen«, Falken – nur noch gebraucht erhältlich.

»Semplicissimo – Il libro di cucina più facile del mondo«, L'Ippocampo.

»Die echte italienische Küche«, Gräfe + Unzer.

»Speedcooking – Trendfood im Turbogang«, Gräfe + Unzer. Ja, ich finde den Titel auch bescheuert, habe mich aber dabei ertappt, ein gutes Dutzend Seiten mit Post-its markiert zu haben.

»Mittelmeerküche all'Italiana – 400 Originalrezepte aus Italien«, Hallwag.

Für versierte Könner:
»La cucina italiana all'italiana«, Reed Gourmet, ein echtes Manifest des streitbaren Mailänder Spitzenkochs Sergio Mei.

»Die große Teubner Küchenpraxis«, Teubner – lange das Standardwerk für Köchinnen und Köche, jetzt abgelöst von »Der junge Koch – die junge Köchin«, Pfannenberg.

»Inside Chefs' Fridges – Spitzenköche öffnen ihre privaten Kühlschränke«, Taschen. Eine sehr lustige Idee mit lehrreichen Einblicken.

»Le Cordon Bleu – Scuola di Cucina«, Rusconi Libri. Das französische Standardwerk, ins Italienische übersetzt.

»Nopi – Das Kochbuch« von Yotam Ottolenghi und Ramael Scully. Überraschend nachkochbar.

Für absolute Profis:
(Hier lese ich zum Teil nur aus voyeuristischen Gründen mit, aber es macht dennoch Spaß.)

»Aroma – Die Kunst des Würzens« von Thomas A. Vierich und Thomas A. Vilgis, Stiftung Warentest. (Wofür wohl das A steht?) Eines der beiden Standardwerke der modernen, gern molekular genannten Küche. Und tatsächlich beginnt und endet das Buch mit Formelauflistungen wie etwa jener für Methylpentyldisulfid, und Erläuterungen, wonach dieses Molekül schmeckt (schweflig, stechend) und wo man es findet (Schnittlauch, Zwiebel, Schalotte). Das zweite Standardwerk:

»Flavour Pairing – Das Spiel der Aromen« von Heiko Antoniewicz, Matthaes Verlag.

Von Thomas Vilgis gibt es außerdem noch »Molekularküche – Geschmack, Aromen, Flavour«, Tre Torri.

Und als Letztes: »Kopf und Küche« von Deutschlands Großkritiker Jürgen Dollase (AT Verlag), der sehr gut schmecken und schreiben kann und dessen – typisch deutscher, wie ich finde – Größenwahn hier und da für eine unterhaltsame Note sorgt.

Meine Bücher

Und zum Schluss: Seit 15 Jahren schreibe ich nicht nur Artikel, sondern auch viele Bücher über mein Leben in Italien. Hier ist eine kleine Auswahl:

»Laura, Leo, Luca und ich – wie man in einer italienischen Familie überlebt«, dtv 2007.

»Meine Schwiegermutter ist cooler als deine«, dtv 2011.

»Die kleinen Freuden des Lebens«, dtv 2013.

»Meine Suche nach der besten Pasta der Welt – eine Abenteuerreise durch Italien«, Goldmann 2013.

»Spitzenkoch in sieben Tagen – ein Selbstversuch«, dtv 2015.

»Kulinarisches Italien: 50 Kurztrips für Genießer«, Holiday 2016.

Aktuell lieferbare Reiseführer: »Venetien & Friaul« (ADAC) sowie »Toskana«, »Apulien« und »Florenz zu Fuß entdecken« (Polyglott).

Meine historischen Romane »Der Spion des Dogen«, »Der Knochenraub von San Marco« und »Die Toten von Rialto«, erschienen von 2016 bis 2018 bei dtv, spielen im Venedig des späten 16. Jahrhunderts. »Der Spion des Dogen« wurde 2017 von der Autoren- und Kritikervereinigung »Homer« zum besten historischen Debütroman gewählt.

Im April 2020 erschien bei dtv mein zeitgenössischer Venedig-Krimi »Wenn die Gondeln untergehen«. Sehr lustig, sehr spannend – versprochen!

Alle weiteren Neuigkeiten gibt es auf meinem Blog www.post-ausitalien.com. Ich freue mich auf euren Besuch!

Verwendete Quellen

1 Maurer, Golo: »Auch ich in Arkadien!«, in: Frankfurter Allgemeine Sonntagszeitung, 30.6.2019, S. 1 f.

2 Meyer, Friedrich Johann Lorenz: Darstellungen aus Italien. Voss 1792, S. 2 f.

3 »Slim Aarons Italy«, in: Fineprint. Online unter: https://fineprintco.com/collections/slim-aarons-italy [inaktiv]. Zuletzt abgerufen am 22.10.2019. Eigene Übersetzung.

4 Jogschies, Rainer: Blick zurück durchs Schlüsselloch. Die entfesselten Fünfziger. Ullstein 1990.

5 Kaminer, Wladimir: »Küche totalitär«, Goldmann 2007, S. 20.

6 Ghose, Tia: »Elite of Ancient Pompeii Dined On Sea Urchin, Giraffe«, 3.1.2014. Online unter https://www.livescience.com/42309-food-eaten-by-pompeii-residents.html. Zuletzt abgerufen am 5.10.2019. Eigene Übersetzung.

7 Maier, Robert (Hrsg.), Apicius, Marcus G: Das römische Kochbuch des Apicius. Reclam 1991.

8 »Cooking is therapy: Making meals helps to reduce stress«, in: New York Daily News, 9.8.2009. Onlinequelle, zuletzt abgerufen am 5.10.2019. Eigene Übersetzung.

9 ebd.

10 ebd.

11 https://www.wbur.org/npr/338850091/for-a-more-ordered-life-organize-like-a-chef

12 Poulain, Michel, Pes, Giovanni et al.: »Identification of a geographic area characterized by extreme longevity in the Sardinia island: the AKEA study.« Journal of Experimental Gerontology, Elsevier, 39/2004, S. 1423–1429.

13 Buettner, Dan: »Power 9. Reverse Engineering Longevity«. Online unter bluezones.com/live-longer/power-9. Zuletzt abgerufen am 5.10.2019. Eigene Übersetzung.

14 Valente, Caterina: »Komm ein bisschen mit nach Italien«, Text und Musik Kurt Feltz und Heinz Gietz, 1956.

15 https://www.sciencedirect.com/science/article/abs/pii/S0022103112000200

16 Kramer, Stephanie: »Cross Your Fingers: Do Rituals Really Work?«, 13.1.2019. Online unter https://brainworldmagazine.com/cross-your-fingers-do-rituals-really-work/. Zuletzt abgerufen am 5.10.2019.

17 vgl. Nobel, Carmen: »The Power of Rituals in Life, Death, and Business«, 3.6.2013. Online unter https://hbswk.hbs.edu/item/the-power-of-rituals-in-life-death-and-business. Zuletzt abgerufen am 5.10.2019.

18 »Evaluating Ritual Efficacy – Evidence from Brazilian Simpatias«, in: Ritual Design Lab, 9.5.2018. Online unter: https://www.ritualdesignlab.org/2018/05/09/evaluating-ritual-efficacy-evidence-from-brazilian-simpatias/. Zuletzt abgerufen am 22.10.2019.

19 Elizabeth Anania Edwards, zit. nach Brainyquote.com. Online unter https://www.brainyquote.com/topics/italian-family-quotes. Zuletzt abgerufen am 22.10.2019. Eigene Übersetzung.

20 Leo Buscaglia, zit. nach Brainyquote.com. Online unter https://www.brainyquote.com/topics/italian-family-quotes. Zuletzt abgerufen am 22.10.2019. Eigene Übersetzung.

21 Schmid, Burkart. »Deutschland is(s)t geteilt«, in: Food Service, 3.5.2019. Online unter https://www.food-service.de/maerkte/news/nestl-ernaehrungsstudie-2019-deutschland-isst-geteilt-42819. Zuletzt abgerufen am 22.10.2019.

22 Gustafson, Timi: »Eating Together as a Family has Multiple Benefits«, in: The Huffington Post, Timi Gustafson, 20.9.2012. Online unter https://www.huffpost.com/entry/family-dinner_b_1898387. Zuletzt abgerufen am 22.10.2019.

23 Cruciano, Emanuela, u. a.: »Focus Extra – Il Cibo«. Gruner + Jahr/Mondadori 2014.

24 Hutter Epstein, Randi: »Linking Children's Health to Family Meals«, 28.3.2000. Online unter https://www.nytimes.com/2000/03/28/health/linking-children-s-health-to-family-meals.html. Section F, S. 8. Zuletzt abgerufen am 1.10.2019.

25 ebd.

26 Boyle, Devin: »New Study Shows Bullying in Schools is Down, Feelings of Safety Are Up«, in: USA Today, 28.4.2017. Online unter https://news.virginia.edu/content/new-study-shows-bullying-schools-down-feelings-safety-are. Zuletzt abgerufen am 1.10.2019.

27 Fishel, Anne: »The most important thing you can do with your kids? Eat dinner with them«, in The Washington Post, 12.1.2015. Online unter www.washingtonpost.com/posteverything/wp/2015/01/12/the-most-important-thing-you-can-do-with-your-kids-eat-dinner-with-them. Zuletzt abgerufen am 22.10.2019.

28 Riggs, Erika: »Study: Family dinnertime feeds the company's bottom line«, in: BYU News, 25.6.2008. Online unter news.byu.edu/news/study-family-dinnertime-feeds-companys-bottom-line. Zuletzt abgerufen am 1.10.2019.

29 Cole, John W., Wolf, Eric R.: The Hidden Frontier: Ecology and Ethnicity in an Alpine Valley. Academic Press 1974.

30 »Larger families have reduced cancer risks«, in: Science Daily, 10.10.2018. Online unter www.sciencedaily.com/releases/2018/10/181010105637.htm. Zuletzt abgerufen am 1.10.2019.

31 Spina, Romina: »Die digitale Entdeckung der Nachbarschaft«, in: Neue Zürcher Zeitung, 27.8.2014. Online unter https://www.nzz.ch/panorama/alltagsgeschichten/die-wiederentdeckung-der-nachbarschaft-1.18370938. Zuletzt abgerufen am 1.10.2019.

32 Dambeck, Holger: »Elfmeter-Krimi gegen Argentinien sorgte für mehr Herzinfarkte«, in: Spiegel Online, 31.1.2008. Online unter www.spiegel.de/wissenschaft/mensch/fussball-wm-2006-elfmeter-krimi-gegen-argentinien-sorgte-fuer-mehr-herzinfarkte-a-532219.html. Zuletzt abgerufen am 1.10.2019.

33 »Hockey victories may increase heart attack risk in Canadian men«, in: Science Daily, 29.3.2018. Online unter https://www.sciencedaily.com/releases/2018/03/180329083305.htm. Zuletzt abgerufen am 5.10.2019.

34 Wann, Daniel et al.: Sport Fans: The Psychology and Social Impact of Spectators. Routledge 2001.

35 Almendrala, Anna: »How Being a Sports Fan Makes You Happier and Healthier«, in: The Huffington Post, 30.1.2015. Online unter https://www.huffpost.com/entry/sports-fan-mental-health-benefits_n_6565314?guccounter=1&guce_referrer=aHR0cHM6Ly93d3cuZ29vZ2xlLmNvbS8&guce_referrer_sig=AQAAAL9lSJCwrnSYPaLDEfBn_GoR-KzOa2KgNFBOUIoL501QqlRwRCLai3iXEs-bvGTm8t4dXn-YCpWbvCBcofdTvNJaw8DtHjYgegXAtHxwuHLMEDtu8CbLHJUEWZozzwmXkktYzkVhVOyiVp3MRSj2eKU2bgrs7dR1_9N9Kvz9RRaL. Zuletzt abgerufen am 1.10.2019.

36 ebd.

37 ebd.

38 Wong, May: »Stanford study finds walking improves creativity«, in: Stanford News, 24.4.2014. Online unter news.stanford.edu/2014/04/24/walking-vs-sitting-042414/. Zuletzt abgerufen am 1.10.2019.

39 Schiwarth, Eva: »Winterdepression – Wenn Lichtmangel aufs Gemüt schlägt«, in: Lifeline. Online unter https://www.lifeline.de/krankheiten/depression/winterdepression-id33605.html. Zuletzt abgerufen am 10.10.2019.

40 »Schlechtes Wetter schlägt aufs Gemüt – Psychiater rät: Raus an die Luft«, in: Berliner Morgenpost, 13.7.2004. Online unter https://www.morgenpost.de/printarchiv/berlin/article103568153/Schlechtes-Wetter-schlaegt-aufs-Gemuet-Psychiater-raet-Raus-an-die-Luft.html. Zuletzt abgerufen am 1.10.2019.

41 Tate, Andrew: »Why everyone from Beethoven, Goethe, Dickens, Darwin to Steve Jobs took long walks and why you should too«, in: Canva. Online unter www.canva.com/learn/taking-long-walks. Zuletzt abgerufen am 1.10.2019.

42 Molloy, Mark: »Viva la siesta! Six reasons you should take a nap today«, in: The Telegraph, 10.09.2019. Online unter www.telegraph.co.uk/health-fitness/body/world-sleep-day7-surprising-benefits-taking-daily-nap. Zuletzt abgerufen am 1.10.2019.

43 Govan, Fiona: »Spanish scientists prove the siesta is good for you – and issue guidelines for a perfect nap«, in: The Telegraph, 7.8.2012. Online unter www.telegraph.co.uk/news/worldnews/europe/spain/9458799/

Spanish-scientists-prove-the-siesta-is-good-for-you-and-issue-guidelines-for-a-perfect-nap.html. Zuletzt abgerufen am 1.10.2019.

44 »Churchill Understood Afternoon Naps«, in: The New York Times, 2.10.1989, Section A, S. 18. Online unter www.nytimes.com/1989/10/02/opinion/l-churchill-understood-afternoon-naps-838589.html. Zuletzt abgerufen am 1.10.2019.

45 Morin, Amy: »A Simple but Effective Way to Stop Worrying So Much«, in: Psychology Today, 29.11.2018. Online unter www.psychologytoday.com/nz/blog/what-mentally-strong-people-dont-do/201811/simple-effective-trick-stop-worrying-so-much?amp. Zuletzt abgerufen am 1.10.2019.

46 aus: »Der dritte Mann«. Film aus dem Jahr 1949 nach einem Drehbuch von Graham Greene. Zitat von Harry Lime alias Orson Welles.

47 D'Epiro, Peter/Pinkowish, Mary Desmond: »Sprezzatura – 50 Ways Italian Genius Shaped the World«, Anchor Books, 2015, S. 189. Eigene Übersetzung.

48 Castiglione, Baldassare: Il Libro del Cortegiano. Venedig 1528.

49 Zit. nach D'Epiro, Peter, und Pinkowish, Mary Desmond: »Sprezzatura – 50 Ways Italian Genius Shaped the World«. Anchor Books 2015, S. 336.

50 Castiglione, Baldassare: Il Libro del Cortegiano. Venedig 1528. »Sprezzatura« wird erstmals auf Seite 43 erwähnt.

51 https://www.businessinsider.com/dressing-for-success-actually-works-2016-2?IR=T.

52 Taleb, Nassim Nicholas: Der Schwarze Schwan – Die Macht höchst unwahrscheinlicher Ereignisse. Knaus 2015.

53 ebd., S. 91.

54 O'Rourke, P.J.: All the Trouble in The World. Atlantic Monthly Press 1994.

55 Holley, Peter: »The Silicon Valley elite's latest status symbol: Chickens«, in: The Washington Post, 2.3.2018. Online unter www.washingtonpost.com/news/business/wp/2018/03/02/feature/the-silicon-valley-elites-latest-status-symbol-chickens/. Zuletzt abgerufen am 1.10.2019.

56 Schlak, Martin: »Da ist der Wurm drin«, SZ-Magazin 22/2019. Online unter https://sz-magazin.sueddeutsche.de/heft/2019/22. Zuletzt abgerufen am 1.10.2019.

57 Ferriss, Timothy: Die 4-Stunden-Woche – mehr Zeit, mehr Geld, mehr Leben. Econ 2008.

58 Sethi, Ramit: I Will Teach You to be Rich. Workman Publishing 2019, S. 69 ff.

59 aus: TOUR-Magazin 5/2017, S. 18.

60 Seume, Johann Gottfried: Spaziergang nach Syrakus im Jahre 1802. Braunschweig und Leipzig 1803.

61 Proust, Marcel: Auf der Suche nach der verlorenen Zeit. Suhrkamp 2017.

62 Wong, May: »Stanford study finds walking improves creativity«, in: Stanford News, 24.4.2014. Online unter news.stanford.edu/2014/04/24/walking-vs-sitting-042414/. Zuletzt abgerufen am 1.10.2019.

63 Gernhardt, Robert: Über alles. Fischer 1996, S. 233.

64 »Sunbathe in the morning for a safer tan«, in: New Scientist, Ausgabe 2836, 29.10.2011. Online unter https://www.newscientist.com/article/mg21228364-800-sunbathe-in-the-morning-for-a-safer-tan/?source=fromBetaSite. Zuletzt abgerufen am 18.10.2019.

65 Monroe, Rachel: »#Vanlife, The Bohemian Social-Media Movement«, in: The New Yorker, 17.4.2017. Online unter www.newyorker.com/magazine/2017/04/24/vanlife-the-bohemian-social-media-movement. Zuletzt abgerufen am 5.10.2019.

66 Hillin, Taryn: »Booking A Vacation To Save Your Marriage May Do More Harm Than Good«, in: The Huffington Post, 2.9.2014. Online unter www.huffingtonpost.com/2014/09/02/vacation-marriage-advice_n_5755122.html. Zuletzt abgerufen am 5.10.2019.

67 Geddes, Linda: »How getting more daylight can improve your mental and physical health«, in: New Scientist, 29.5.2019. Online unter www.newscientist.com/article/mg24232320-100-how-getting-more-daylight-can-improve-your-mental-and-physical-health/. Zuletzt abgerufen am 1.10.2019.

68 Williams, Florence: »The Nature Fix: Why Nature Makes Us Happier, Healthier and More Creative«. Norton 2017.

69 Bryson, Bill: Streifzüge durch das Abendland – Europa für Anfänger und Fortgeschrittene, Goldmann 2001, S. 211.

70 »Avventure erotiche? Al museo è meglio«, in: la Republica.it., 9.6.2001. Online unter www.repubblica.it/online/societa/sessodove/sessodove/sessodove.html. Zuletzt abgerufen am 5.10.2019. und »Sindrome di Rubens l'impulso sessuale«, in: Psicologia & Benessere, 3.5.2009. Online unter www.psicologiaebenessere.it/sindrome-di-rubens-limpulso-sessuale/. Zuletzt abgerufen am 5.10.2019.

FSC
www.fsc.org
MIX
Papier | Fördert
gute Waldnutzung
FSC® C083411

Zeitfracht Medien GmbH
Ferdinand-Jühlke-Straße 7
99095 Erfurt, Deutschland
produktsicherheit@kolibri360.de

Druck:
CPI Druckdienstleistungen GmbH
im Auftrag der
Zeitfracht Medien GmbH
Ein Unternehmen der Zeitfracht - Gruppe
Ferdinand-Jühlke-Str. 7
99095 Erfurt